NOUVEAU VOYAGE DE FRANCE.

AVEC

UN ITINERAIRE, ET DES CARTES faites exprès, qui marquent exactement les routes qu'il faut suivre pour voyager dans toutes les Provinces de ce Royaume.

Ouvrage également utile aux François, & aux Etrangers.

Nouvelle Edition, revûe, corrigée & augmentée.

TOME SECOND.

A PARIS, AU PALAIS,

Chez THEODORE LEGRAS, au troisiéme Pillier de la Grand'Salle, à l'L couronnée.

M. DCCXL.

Avec Approbation & Privilege du Roi.

TABLE

DES VOYAGES OU ROUTES différentes qu'on trouve dans ce tome second.

Voyage de Paris à Toulouse, à Perpignan & à Mont-Louis. 1

— *A Saint Jean de Luz par Lion, le Dauphiné, la Provence & le Languedoc.* 44

De Paris à Strasbourg. 64

De Paris à Huningue. 99

De Paris à Sedan. 135

De Paris à Dunkerque, & à Calais par Beauvais. 155

— *Autre par Amiens.* 179

— *Autre par Lisle.* 186

De Paris à Valenciennes par Lisle. 208

— *Autre par S. Quentin.* 214

De Paris à Rouen par Pontoise. 224

— *Autre par Poissi.* 241

De Paris à Dieppe. 253

De Paris au Havre. 258
De Paris à Caën & à Cherbourg par Rouen. 266
—— *Autre par Dreux & Evreux.* 280
—— *Autre par S. Germain en Laye, Mante, &c.* 287
De Paris au Mont Saint-Michel. 289

NOUVEAU

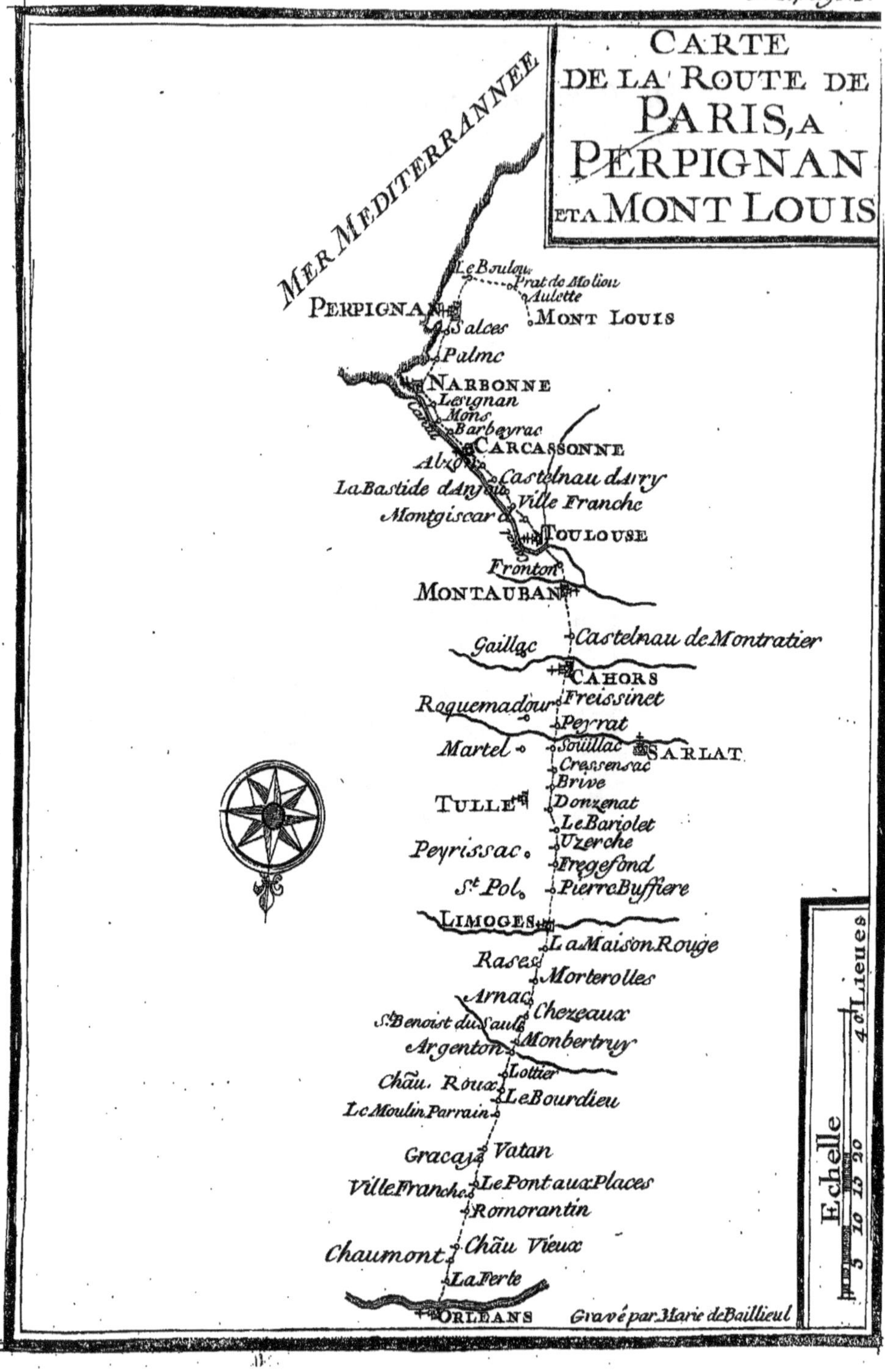

CARTE DE LA ROUTE DE PARIS, A PERPIGNAN ET A MONT LOUIS

MER MEDITERRANNEE

Le Boulou
Prat de Molieu
Aulette
PERPIGNAN
MONT LOUIS
Salces
Palme
NARBONNE
Lesignan
Mons
Barbeyrac
CARCASSONNE
Alzo
Castelnau d'Ary
La Bastide d'Anjou
Ville Franche
Montgiscar
TOULOUSE
Fronton
MONTAUBAN
Castelnau de Montratier
Gaillac
CAHORS
Freissinet
Roquemadour
Peyrat
Martel
Souillac
SARLAT
Cressensac
Brive
TULLE
Donzenat
Le Bariolet
Uzerche
Peyrissac
Fregefond
St. Pol
Pierre Buffiere
LIMOGES
La Maison Rouge
Rases
Morterolles
Arnac
Chezeaux
St. Benoist du Sault
Monbertruy
Argenton
Lottier
Châu. Roux
Le Bourdieu
Le Moulin Parrain
Gracai
Vatan
Ville Franche
Le Pont aux Places
Romorantin
Chaumont
Châu Vieux
La Ferte
ORLEANS

Gravé par Marie de Baillieul

Echelle
5 10 15 20 40 Lieues

NOUVEAU VOYAGE DE FRANCE.

Voyage de Paris à Toulouſe, à Perpignan & à Mont-Louis.

N partant de Paris on ſuit juſqu'à Orléans, la route que j'ai décrite dans le Voyage de Paris à S Jean de Luz. D'Orléans on va à

La Ferté.	5. l.
Chaumont.	3. l.
Châteauvieux.	2. l.
Millancé.	3. l.
Romorantin.	3. l.
Villefranche.	2. l.
Dun le Poillier.	2. l.
La Bouterrie.	2. l.
Vatan.	2. l.

Levroux.	4. l.
Châteauroux.	4. l.

ROMORANTIN, *Rivus Morentini*, a pris son nom d'un petit ruisseau appellé Morantin, qui en cet endroit se perd dans la riviere de Saudre sur laquelle cette Ville est située. Si l'on en veut croire ses habitans, elle se nommoit anciennement *Roma minor*. Ils ajoûtent que César s'étant trouvé à l'extrémité de la forêt de *Bruadam*, il y fit construire quelques forts & quelques maisons pour rafraîchir son armée, & leur donna le nom de *Roma minor*, parce que le lieu & les forts avoient quelque ressemblance aux collines & aux forts de Rome. Ils prétendent que César donna le gouvernement de cette Place à *Titus Labienus*, & que le nom de ce Général est demeuré à une des portes de Romorantin, qu'on nomme aujourd'hui *la porte Lambin*. Ils assurent enfin que César fit bâtir la tour, dont ce qui reste est d'une épaisseur extraordinaire. Le Château qui est presque tout entier, a été bâti par les Princes de la Maison d'Angoulesme. La Paroisse de cette Ville porte le nom de *Nôtre-Dame*, & le Curé n'est que le Vicaire perpetuel des Chanoines de cette

Eglise qui sont au nombre de huit. Il y a dans cette Ville une fabrique de serges & de draps dont on se sert pour l'habillement des troupes, & dont le débit se fait à Orléans & à Paris. Comme le Roi François I. avoit fait dans sa jeunesse quelque séjour à Romorantin, & que la Reine Claude sa femme y étoit née, il accorda à cette Ville quelques privileges qui furent confirmez par les Rois Henri II. François II. Charles IX, Henri III. & Henri IV. Mais ce dernier ayant cassé par sa Déclaration de l'an 1606. les priviléges qui n'étoient pas accordez en bonne forme par ses prédecesseurs, & les Echevins de Romorantin n'ayant pas comparu aux Etats tenus à Aubigni, pour prouver la validité de leurs exemptions, les privileges de cette Ville furent annulez. Le Roi François II. donna un Edit à Romorantin l'an 1560. à l'occasion de l'Inquisition que les Guises vouloient établir en France. Cet Edit porte que la connoissance du crime d'hérésie appartiendra aux seuls Prélats & à leurs Officiaux.

Grassay, où plûtôt *Graçay*, est dans le ressort d'Yssoudun, & en Berry. Cette petite Ville est entourée de murailles, flanquées de tours. La tour *du Berle* est la plus grosse. Elle est octogone, bâtie ſur une élévation, & ſoûtenue par quatre fortes murailles en forme d'arcades. Cette terre a de toute ancienneté porté le nom de Baronnie, & ſes Seigneurs ſe qualifioient *Sires*, *Barons*, *Princes*. Ils en ont joui juſqu'en 1371. que Renaud de Graçay ſeptiéme du nom la vendit à Jean de France Duc de Berri qui la donna au Chapitre de la Sainte Chapelle de Bourges, qu'il avoit fondée l'an 1405.

VASTAN ou VASTEN, *Vaſtinum*, *Vaſtinnum*, *Vaſtinus Vicus*. Le Château & l'Egliſe Collégiale de S. Laurian ſont ce qu'il y a de plus remarquable dans cette petite Ville.

LE BOURG-DIEU, ou BOURG DE DEOLS, *Doli*, *Dolenſis Vicus*, *Caſtrum Dolenſe*, eſt une petite Ville ſur la riviere d'Indre, à une petite demie lieue de Châteauroux. Les Ecrivains du païs attribuent la fondation de cette Ville à Leocade Sénateur Romain. Elle a été la principale du bas Berri, & la Capitale de la Seigneurie *Deoloiſe*. Les Princes deſcendus de Leocade faiſoient ici leur ſéjour dans le Château que ce chef de leur illuſtre Maiſon avoit fait bâtir. C'eſt ce même Château que Raoul le Large abandonna aux Religieux de l'Abbaye de Deols, qu'Ebbes ſon pere avoit fondée. Cette Abbaye fameuſe par ſes richeſſes, & par ſes magnifiques bâtimens fut sécularisée en 1622. & la Mense Abbatiale unie au Duché de Châteauroux, en faveur de Henri de Bourbon II. du nom, Prince de Condé, qui par cette union devint Patron laique des Benefices dépendans de cette Abbaye. On voyoit autrefois dans cette petite Ville trois Eglises Paroissiales, *S. Etienne*, que l'on croit avoir été fondée par Leocade, dans laquelle sont encore les tombeaux de ce Seigneur, & celui de S. Ludre son fils; *Sainte Marie*, qui a été ruinée; & *S. Germain* qui est à présent la seule Paroisse du Bourg-Dieu. L'Abbaye étoit auprès de cette derniere Eglise. Les superbes ruines qu'on y voit encore font connoître la piété & la magnificence de ses fondateurs. Il n'en reste plus que la Chapelle des Miracles de Nôtre-Dame, où le Prince de Condé dernier mort a fondé un Chapitre. Dieu y opéra un miracle éclatant le 29. de Mai de l'an 1187. lequel est rapporté par Rigord, par Vincent de Beauvais, & par Jean Bouchet. Ce dernier s'est trompé quant au tems, puisqu'il dit que ce fut en l'an 1196.

CHASTEAUROUX, ainsi appellé par corruption de *Château Raoul*, ou de Château-Roul, a pris son nom de Raoul de Deols, surnommé *le Large*, c'est-à-dire *le Liberal*, qui fit bâtir le Château & la Ville de Château Raoul sur la riviere d'Indre, & mourut l'an 952. Rigord appelle cette Ville indifféremment *Castrum Radulfi*, *Castellum Radulfi*. On trouve dans cette petite Ville plusieurs Eglises, dont la Collégiale est sous l'invocation de Nôtre-Dame & de S. Martin, & est Paroissiale. Celle de S. Martial est succursale de celle de S. Denis, bâtie hors la Ville dans l'endroit où l'on croit qu'étoit l'ancien Châteauroux. Celle de S. André est Paroissiale, & l'on y remarque les tombeaux des Seigneurs de la Tour Landri, &c. Les Capucins ont été établis en 1630. dans le faubourg de la Porte aux Guedons. Les Religieuses de la Congrégation de Nôtre-Dame sont aussi dans un faubourg. Les Cordeliers ont leur Couvent dans la rue basse sur les murs de la Ville. C'est un des plus anciens de l'Ordre, ayant été commencé en 1213. & achevé en 1216. Dans le Chœur de cette Eglise, & dans la Chapelle de S. Claude on voit les tombeaux des Seigneurs de Châteauroux des Maisons de Chavigny & d'Aumont. Le Château est à l'une des extrémitez de la Ville sur une colline, au bas de laquelle coule la riviere d'Indre, le long d'une belle & vaste prairie.

Auprès de ce Château il y en a un autre appellé *le Parc*, qui est très-peu de chose. La Principauté de Deols Châteauroux, &c. passa de la Maison de Deols en 1197. dans celle de Chauvigni, par le mariage de Denise de Deols avec André de Chauvigni, dans la maison duquel elle demeura jusqu'en 1502. qu'André de Chauvigni dernier du nom, étant mort sans postérité, sa succession fut partagée entre la Maison d'Aumont, & celle de Maillé la Tour Landri, à l'exception des Terres d'Argenton, Aigurande, Sainte Severe, & Cluis-dessous qui furent cédées à Louise de Bourbon, veuve dudit André, par Transaction passée entre eux. Henry de Bourbon Prince de Condé réunit en 1612. les terres qui avoient appartenu aux Maisons d'Aumont & de Maillé, & Châteauroux fut érigé en Pairie en sa faveur, & de ses héritiers mâles & femelles, par Lettres Patentes du mois de Mai de l'an 1616. Claire Clemence de Maillé-Brezé femme de Louis de Bourbon II. du nom, Prince de Condé, mourut à Châteauroux le 16. d'Avril 1694. après vingt & un ans d'exil. On voit son tombeau dans l'Eglise Collégiale.

Lottier.	3. l.
Argenton.	3. l.

Montbertruy.	2. l.
S. Benoit du Sault.	2. l.
Chezeaux.	2. l.
Arnac.	2. l.
Morterollos.	3. l.
Rafés.	3. l.
La Maifon rouge.	3. l.
Limoges.	3. l.
Boiffeil.	2. l.
Pierre Buffiere.	2. l.
Magnac.	2. l.
Fregefond.	2. l.
Uferche.	3. l.
Le Barriolet.	2. l.
Donzenat.	3. l.
Brive.	2. l.

ARGENTON, *Argentomagus*, *Argentonus*, *Argentomum Caftrum*, eft une petie Ville fituée fur les frontieres du Berri & fur la riviere de Creufe. Une ancienne Chronique rapporte que l'an 762. après que Pepin eut réduit la Ville de Bourges fous fon obéiffance, il rétablit le Château d'Argenton, & en confia la garde à Remiftamus oncle de Waifer, fils du Duc Eudes, qui avoit abandonné le parti de fon neveu pour fuivre celui de Pepin. La riviere de Creufe partage Argenton en Ville haute & Ville baffe. La haute a fon enceinte particuliere, & quatre portes dont l'une lui donne la communication avec la Ville basse. C'est dans la haute que se tiennent les Marchez, où sont l'Auditoire pour la Justice, la Chapelle de S. Benoît, le College pour les petites Ecoles, & une tour qui sert de prison, & dont les fondemens sont en partie dans le lit de la riviere de Creuse. Le Château étoit au-dessus de cette partie de la Ville, mais il a été démoli par ordre de Louis XIV. Dans la Ville basse on trouve le Couvent des Cordeliers, & l'Eglise de S. Sauveur qui est une succursale de S. Etienne, laquelle est tout auprès de la Ville. La Châtellenie d'Argenton faisoit autrefois partie de la Principauté de Deols. Après la mort du Sieur de Chauvigni dernier du nom, elle passa à feue Mademoiselle d'Orléans Montpencier, & d'elle à Son Altesse Royale Philippe de France Duc d'Orléans. Philippe Duc d'Orléans petit-fils de France, ci-devant Régent du Royaume, qui vient de mourir, l'à donnée à Marie-Louise-Madelaine-Victoire le Bel de la Boissiere de Seri, Comtesse d'Argenton.

LIMOGES, *Lemovicæ*, *Lemovicæ Urbs*, &c. est la Capitale du Limousin, & est située en partie sur une colline, & en partie dans un vallon. La riviere de

Vienne passe le long de ses fauxbourgs du côté du Levant, & l'enceinte tant de la Ville que des fauxbourgs est d'environ une lieu & demie. Cette Ville est mal bâtie, & il n'y a point de Place publique d'une grandeur considérable. Les maisons sont de charpente, fort serrées, sombres, & sujettes à de fréquens incendies. On y voit quelques maisons de pierre à façade Angloise dont les fenêtres sont à arcs aigus. L'on partage Limoges en Ville & en Cité. La Cathédrale est dans la Cité, & si l'on en croit les gens du pays, elle a été bâtie par les Anglois. L'édifice n'est pas achevé, mais ce qui est fini est beau. L'on remarquera dans le Chœur quelques tombeaux. Le Palais Episcopal est assez mal bâti. La Regle est une Abbaye de Filles, dont le bâtiment est assez joli. Les jardins en terrasse donnent sur la riviere, & l'Eglise est bien ornée. Les Cordeliers ont une Eglise assez grande. En y entrant on voit un Crucifix de grandeur naturelle, couvert d'une espece de robe ; on est frappé de ce spectacle la premiere fois qu'on le voit. L'Abbaye de S. Augustin est dans les fauxbourgs, & dans une belle situation, avec des vûes très-agréables. C'est une maison des plus commodes, où les eaux vont de tous côtez, à la cuisine, au refectoir, & au jardin. S. Martial est une Eglise Collégiale qui est bien connue. Elle est assez longue, sans être des plus belles. Son horloge est l'admiration des gens du pays. Une figure de la Mort y sonne les heures en frappant sur un timbre fait en forme de globe. Les Cloîtres sont beaux, mais négligez. Ce qui rend cette Eglise fameuse, c'est la dévotion que les Limousins ont pour S. Martial le grand Apôtre de leur Province. L'Eglise Paroissiale de S. Michel est dans le lieu le plus élevé de la Ville. Son clocher est assez haut, & se découvre de très-loin. C'est encore un ouvrage des Anglois, si l'on en croit les gens du pays, accoûtumez à leur attribuer les plus beaux ouvrages gothiques qui sont dans le Royaume : fausse opinion dont presque toutes nos Provinces sont infatuées, comme si nos Architectes n'avoient pas été capables par eux-mêmes de produire de beaux morceaux. Le Séminaire est une belle maison de pierre, bâti sur le modele de S. Sulpice de Paris, mais la cour est plus grande. Tous les Monasteres, excepté le College des Jésuites, & la Maison des Prêtres de l'Oratoire, sont hors la Ville.

Pierre-Bussiere est une petite Ville qui

porte le titre de premiere Baronnie du Limousin qui lui est cependant disputé par la Baronnie de Lastours. Elle a été autrefois possedée par des Seigneurs du nom de Pierre-Buffiere dont la Maison étoit très-considerable, mais qui est à présent éteinte.

USERCHE, *Userca*, petite Ville qui a trois Paroisses, & une Abbaye de l'Ordre de S. Benoît dont l'Abbé est Seigneur d'Userche. L'on compte ici environ deux cens dix feux, & mille habitans. Les maisons y sont bien bâties, & couvertes d'ardoise. Leur solidité & leur propreté ont donné lieu au proverbe : *Qui a maison à Userche, à Château en Limousin.* Cette Ville signala sa fidelité envers nos Rois, dans le tems que les Anglois étoient maîtres de la Guyenne.

BRIVE, *Briva Curretia*, c'est-à-dire *Pont sur la Correze*, est presque au confluent de *la Correze*, & de *la Vezere.* Cette Ville est à cinq lieues de Tulle, & dans un vallon dont les côteaux sont plantez de vignes, ou de Chataigniers. C'est sans doute la beauté de sa situation qui l'a fait surnommer *Brive la gaillarde.* C'est la seule jolie Ville qu'il y ait en Limousin. On y compte environ mille feux, & quatre mille ames. Les maiſons y ſont aſſez bien bâties. Le College eſt d'une architecture aſſez recherchée, & le frontiſpice eſt décoré de pluſieurs ornemens de ſculpture. L'on trouve à Brive toutes les commodités de la vie, & l'on n'y manque pas de promenades. La chauſſée qui eſt le long de la riviere, l'Iſle qui eſt remplie d'arbres, les remparts, en offrent d'agréables. Gombaud fils naturel de Clovis I. du nom, revenant d'Italie en France, & ayant appris la mort de Chilperic, fut par pluſieurs de ſon parti élevé Roi à Brive la Gaillarde en Limouſin, ſur un grand pavois ou bouclier, & porté par le Camp, ſelon la maniere dès-lors uſitée de recevoir, & couronner les Rois des François.

Creſſenſac.	3. l.
Souillac.	3. l.
Peyrat.	3. l.
Freiſſinet.	3. l.
Pellacoy.	2. l.
Cahors.	3. l.
L'Hoſpitalet.	2. l.
Caſtelnau de Montratier.	2. l.
S. Romans.	3. l.
Montauban.	3. l.
La Baſtide.	2. l.

Fronton.	2. l.
S. Jory.	2. l.
Toulouse.	1. l.

Souillac est une très-petite Ville du Quercy, située sur la Dordogne. Elle est très-mal bâtie, & n'est considerable que par une Abbaye de Bénédictins réformez de la Congrégation de S. Maur.

CAHORS, *Cadurcum*, *Divona Cadurcorum*, sur la riviere d'*Olt*, qu'on nomme aujourd'hui par corruption *le Lot*. Cette Ville est la Capitale du Quercy, & très-ancienne. On y voit encore les ruines d'un amphithéatre bâti de petites pierres quarrées. On compte dans Cahors environ huit mille habitans. Elle est pauvre, à la réserve de l'Evêché qui vaut cinquante mille livres de rente. Les rues sont étroites, & les maisons peu régulieres. Le Palais Episcopal est la plus belle maison qu'il y ait. Le rempart est une promenade assez agréable. Cette Ville fut prise d'assaut en 1580. par Henri le Grand alors Roi de Navarre, & pillée par son armée. Le Pape Jean XXII. étoit natif de cette Ville; comme aussi Clément Marot.

MONTAUBAN, *Mons Albanus*, *Montalbanus*, sur une colline au pied de la quelle passe la riviere de Tarn, n'est pas une Ville ancienne. Elle fut fondée en 1144. par Alphonce Comte de Toulouse. Cette nouvelle Ville causa la désertion de celle de *Montauriol*, située presque aux portes de Montauban; & ce fut pour indemniser l'Abbé de S. Theodard, qui étoit Seigneur de Montauriol, que Raymont successeur d'Alphonce lui céda en 1149. la moitié de tous les droits qui pouvoient lui appartenir à Montauban. Depuis ce tems-là les Comtes de Toulouse, & nos Rois qui leur ont succedé, ont été Seigneurs en pariage de cette Ville avec les Abbez de S. Theodard, qui sont représentez par les Evêques. On croit que cette Ville a pris son nom de la quantité de saules qui sont aux environs, & que l'on appelle *Alba* en langue Guasconne. On divise la Ville de Montauban en trois parties : la Ville Bourbonne, la Ville, & la nouvelle Ville. La premiere n'est qu'un fauboutg qui est separé des deux autres par la riviere que l'on passe sur un beau pont de pierres & de briques. L'Eglise Cathédrale est au milieu de la Ville, & bâtie depuis peu. Le Palais de l'Evêque, la fontaine Grifon, & la Falese, qui est une promenade fort agréable au bord de la riviere de Tarn, sont ce qu'il y a de plus remarquable à Montauban. Il y a pour la Justice & les Finances un Présidial créé en 1632. un Bureau des Finances établi en 1635. & une Cour des Aydes créée l'an 1642. & transferée de Cahors à Montauban en 1662. Les Jésuites ont ici un College, mais il n'y a point d'Université, comme l'ont écrit M. Corneille & quelques autres Géographes.

Le Calvinisme s'introduisit à Montauban vers l'an 1562. Quelques-uns disent même que les habitans de cette Ville firent frapper des monnoyes d'argent avec cette inscription : *Monnoye de la République de Montauban.* M. le Blanc avoue qu'il n'a point vû aucune de ces pieces, & plusieurs personnes très-curieuses m'ont assûré depuis la même chose. Les Calvinistes firent de cette Ville une si bonne Place, que le Roi Louis XIII. l'ayant assiégée en personne l'an 1621. il fut obligé de se retirer après trois mois de siége. Elle a réparé glorieusement cette rébellion par la fidélité qu'elle fit paroître pendant les troubles de la minorité de Louis le Grand. Les fortifications ont été rasées, & elle n'est plus en état de défense. Il peut y avoir dans cette Ville environ dix-huit mille habitans.

Fronton est une petite Ville à trois grandes lieues de Montauban, qui n'a rien de remarquable.

TOULOUSE, *Tolosa*, *Tolosa Colonia*, *Urbs Tolosatium* dans Sidoine, *Civitas Tolosatium* dans la Notice de la Gaule, est sur la Garonne, & la Capitale du Languedoc. On ne sçait rien de bien certain sur l'origine de cette Ville, mais les plus anciennes Histoires en parlent comme d'une des plus florissantes des Gaules, & de la Capitale des Wolsques Tectosages. Les Auteurs Latins lui donnent l'épithete de *Palladia*, à cause du culte que ses habitans rendoient à Minerve, où du goût qu'ils ont toujours eu pour les Sciences & les belles Lettres. Justin & quelques autres Historiens ont crû que les Tectosages enleverent le trésor du Temple de Delphes, & que pour appaiser la colere d'Apollon qui les désoloit par une cruelle peste, ils jetterent ce trésor dans le lac de Toulouse. Cépion Général des Romains s'empara depuis de cet or qui lui fut fatal, & à tous ceux qui le possederent ; ce qui donna lieu au proverbe, *il a de l'or de Toulouse*, pour dire que quelqu'un étoit malheureux. Feu M. de la Faille croyoit après Possidonius, que l'or dont Cépion s'empara, étoit de l'or du pays même qui avoit été consacré dans un Temple fameux par la Religion de ces Peuples ; car Strabon allegue de fort bonnes raisons pour prouver que ce trésor ne pouvoit pas avoir été apporté de Delphes. Les Romains éleverent dans Toulouse un amphithéatre, un capitole, & plusieurs autres monumens superbes : mais les Wisigoths, nation barbare, ayant depuis choisi Toulouse pour être la Capitale de leur Empire, jaloux de la gloire des Romains dont ces monumens conservoient encore la mémoire, les ruinerent de fond en comble, en sorte qu'il n'en reste d'autres vestiges que quelques mazures de l'amphithéatre près du Château S. Michel.

La Ville de Toulouse étoit autrefois divisée en *Bourg* & *Cité*, mais en 1346. le Bourg fut enfermé dans la Ville, & depuis ce tems-là il ne reste plus de différence entre ces deux parties. Quoiqu'il n'y ait point de Ville dans le Royaume plus avantageusement située pour le commerce que celle-ci, il ne s'y en fait cependant presque point. Le génie des habitans n'est point porté de ce côté-là, & les porte plus volontiers à jouir de la noblesse que leur donne le Capitoulat, ou à entrer dans les Charges de robe. C'est-là le parti que prennent ordinairement les enfans des Marchands distinguez, & ce qui fait que Toulouse, une des plus grandes Villes du Royaume, est une des moins riches, & n'est pas même fort peuplée ; car on n'y compte que dix-huit mille quarante familles.

Cette Ville eſt aſſez bien percée, & a quelques rues aſſez longues, & qui vont d'une de ſes portes à une autre. Les maiſons en général n'y ſont pas fort magnifiques, & ſont de brique. Il ne laiſſe pas cependant d'y en avoir quelques-unes d'aſſez belles. On remarque ſur-tout celle des Freſcars. Elle eſt fort ornée de feſtons, frontons, corniches, ſtatues, &c. Il s'en trouve encore quelques autres, auſquelles Bachelier Sculpteur habile a mis quelques figures ou ornemens de ſa façon. Le pont eſt beau, & du deſſein de François Manſart. Les arches qui le forment, ſont bien conſtruites, & le ceintre en eſt d'un trait fort hardi. A chaque pile eſt une ouverture en coquille, pour donner paſſage à l'eau, lorſque la Garonne eſt débordée. Il eſt terminé par un bel arc de triomphe ſur lequel Louis le Grand eſt repréſenté.

L'Egliſe Cathédrale n'eſt pas achevée. Le Chœur eſt beau, clair & élevé ; mais la Nef ne répond pas à ces beautez. Le grand Autel eſt du deſſein de Gervais Drouet qui a fait lui-même les figures du lapidement de S. Etienne, en 1670. L'architecture eſt d'ordre Corinthien à colonnes, friſes & paneaux de marbre de

Languedoc. La cloche appellée *la Cardaillac*, est d'une grosseur extraordinaire. Elle fut donnée par Jean de Cardaillac Patriarche d'Aléxandrie, & Administrateur perpetuel de l'Eglise & de l'Archevêché de Toulouse, qui mourut le 7. d'Octobre de l'an 1390. Cette cloche pese cinq cens quintaux, c'est-à-dire, cinquante mille livres. Le Cloître est fort grand, & le Palais Archiepiscopal un des plus magnifiques qu'il y ait en France.

S. Sernin est une Eglise ancienne. L'édifice est grand & majestueux, mais fort sombre. Le clocher est beau & élevé. La tradition veut que cette Eglise ait été bâtie sur un lac & sur des pilotis. Dans le Chœur au côté de l'Evangile, est un endroit où un canal répond depuis les fondemens de l'édifice jusques à hauteur d'homme. En prêtant l'oreille sur cet endroit, l'on entend un certain murmure que l'on dit être celui des eaux qui coulent audessous. Les corps saints qui rendent cette Eglise une des plus fameuses du monde chrétien, sont dans des niches pratiquées dans des Chapelles qui sont au pourtour du Chœur. On y montre plusieurs châsses remplies de Reliques, & jusqu'aux soûterrains, tout inspire la sainteté. On y voit des Autels, des sépultures, des inscriptions, des lampes, & les autres ornemens que peuvent comporter ces ſaintes cavernes. Cette Egliſe eſt fameuſe par le nombre de Corps ſaints & de Reliques qu'elle poſſede. Elle ſe vante d'avoir vingt-ſix Corps ſaints, parmi leſquels il y en a ſept d'Apôtres qui ſont ceux des deux ſaints Jaques, de S. Philippe, de S. Barthelemi, de S. Simon, de S. Jude & de S. Barnabé. La châſſe qui renferme les Reliques de S. Saturnin, ou S. Sernin, eſt grande, & couverte de lames d'argent. On garde dans cette même Egliſe une autre châſſe qui eſt d'un prix ineſtimable, c'eſt celle de ſaint George. Elle repréſente un temple à l'antique, d'ordre Corinthien, avec des figures de ronde boſſe dans les entrecolonnes, & quatre autres qui repréſentent les quatre Evangéliſtes, & ſont aſſiſes, une à chaque coin du ſocle. Cette châſſe eſt le chef-d'œuvre de Bachelier Orfevre très-habile, & frere de ce fameux Sculpteur à qui les Toulouſains ont donné une place parmi les Illuſtres qui ſont dans la gallerie de leur Capitole.

La Maiſon de Ville eſt grande & bien bâtie. On lui a donné le nom de *Capitole*, d'où l'on a fait celui de *Capitouls* qui ſont huit Echevins qu'on élit tous les ans. Ils ont l'adminiſtration de la Juſtice criminelle & de la Police ; mais ils ne peuvent rien résoudre sans appeller le Conseil de Bourgeoisie, qui est composé des habitans qui ont été Capitouls. En entrant, sous la porte de cet Hôtel, est un grand corps de garde où l'on voit quelques armes, & des boucliers ronds des anciens Toulousains. On y lit une inscription en lettres d'or, qui est un magnifique éloge de Louis le Grand.

Deo Opt. Max.
D. D. D.
Octoviri Capitolini
P. Q. Tolos.
Obrestitutam Ludovico Magno valetudinem
Et conservatum
Ecclesiæ defensorem,
Nobilitati Principem,
Magistratibus Legislatorem,
Populo Patrem,
Orbi perpetuum miraculum.

Dans une grande salle à main gauche, nommée *le grand Consistoire*, sont les portraits de plusieurs Capitouls, & un grand tableau qui représente l'entrée de Louis XIV. dans Toulouse le 14. d'Octobre de l'an 1659. Sa Majesté accompagnée de la Reine sa mere, & du Duc d'Anjou son frere, tous en carrosse, confirme les privileges des Capitouls qui ſont à genoux à la portiere. Vis-à-vis à main droite dans la même ſalle, eſt la ſtatue en marbre blanc de *Clemence Iſaure* qui donna ſa maiſon à la Ville, & fonda les jeux floraux. Elle eſt dans une niche audeſſus d'une des portes, & ſous ſes pieds eſt une inſcription.

A main gauche de cette ſalle eſt la Chapelle, & audelà *le petit Conſiſtoire.* Dans ce dernier l'on voit de grands Regiſtres de velin où l'on écrit chaque année tout ce qui ſe paſſe de remarquable dans l'Etat & dans la Ville de Toulouſe. Cet uſage s'obſerve depuis ſix ou ſept ſiecles. Les huit Capitouls & le Chef du Conſiſtoire y ſont peints en miniature. L'on voit dans ces Regiſtres les entrées des Rois, des Reines & des Dauphins dans la Ville de Toulouſe. On y remarque entre autres celles de Charles VII. & de Louis XI. qui n'étoit que Dauphin, & qui pour faire donner à la Reine ſa mere le dais qu'on lui refuſoit, la fit monter en croupe derriere lui. L'on y voit auſſi les entrées de Louis XII. de François I. de Charles IX. de Louis XIII. & de Louis le Grand. L'on admire principalement ſur ces miniatures la ſingularité des habits, &c.

En haut de la ſalle qui eſt à gauche en entrant, ſont les portraits des Capitouls,

& audessus de la porte d'entrée est un tableau où sont représentez *Clemence Isaure & les Jeux floraux de Toulouse*, sous la figure d'une femme couchée, qui tient un bouquet de souci, & a derriere elle deux enfans qui jouent des instrumens. Dans le lointain est la Ville de Toulouse. Ce tableau est d'une beauté parfaite. A l'autre bout de la même salle, & audessus de la porte est une Toulouse guerriere représentée sous la figure d'une Pallas couchée, qui de la main gauche caresse un agneau, & de la droite tient sa javeline, & auprès d'elle son bouclier où sont les armes de Toulouse. Ce tableau est estimé, mais il est bien inférieur à l'autre.

La gallerie qui est contigue à cette salle, occupe le fond de la cour. L'on y voit les bustes en marbre de trente hommes des plus illustres dans les armes ou dans les lettres, ausquels Toulouse a donné la naissance. Au fond de cette gallerie est un buste du Roi Louis XIV. orné de trophées magnifiques, & ayant une inscription audessous.

La salle *des Comptes* est ornée de plusieurs tableaux, & entre autres de celui qui représente l'entrée du Dauphin Louis en 1442. Ce Prince est à cheval ayant en croupe Marie d'Anjou sa mere, sous un poële porté par les Capitouls. Cette peinture

ture eſt une copie en grand de celle que j'ai dit être dans les Regiſtres du petit Conſiſtoire.

Dans une autre ſalle ſont quatre excellens tableaux dont les ſujets ſont pris de l'Hiſtoire des anciens Toulouſains. Il y en a un de Boulogne l'aîné, un de Jouvenet, un de Coypel, & un de *Pierre Rivals*. Ce dernier repréſente un Temple de Minerve Déeſſe, protectrice des Toulouſains. Tout eſt ſi naturel dans ce tableau, & la lumiere y eſt diſtribuée avec tant d'art, que l'on eſt trompé en le regardant de l'autre bout de la ſalle, & que l'on le prend pour un bâtiment véritable. Ce beau tableau a pour inſcription, *Tectoſages Ancyram condebant*.

En commençant la deſcription de cet Hôtel, j'ai oublié d'avertir que dans la tour à main droite en entrant, & à la hauteur du premier étage, l'on voit ſur la muraille quelques marques que l'on dit être du ſang de M. de Montmorency qui eut le col coupé en cet endroit ſur un échafaud élevé à la hauteur d'une fenêtre par laquelle on le conduiſit au ſupplice.

Le Palais eſt ſitué au lieu où étoit autrefois le *Château Narbonnois*, la plus forte Place de tout le pays ſous le Roi Charles VI. C'eſt une groſſe maſſe de bâtiment informe.

La Dorade est une Eglise ancienne décorée de colonnes, de figures de Patriarches, & de Saints. La statue de la Vierge qui est dans cette Eglise, est dorée, & a donné le nom à ce Temple. On la descend dans de grandes calamitez, & on la porte en procession. Le Couvent des Bénédictins qui desservent cette Eglise est beau, mais resserré de tous côtez. Ils n'ont presque point de promenades, mais ils ont fait une longue gallerie dans le haut de la maison, qu'ils appellent *la Mirande*, où ils se promenent en hiver & dans le mauvais tems.

Les Carmes sont dans le plus beau quartier de la Ville. Leur Eglise est vaste, & la Chapelle du Mont-Carmel superbe pour le marbre & ses ornemens. Sur la muraille du Cloître de ces Religieux l'on voit une peinture ancienne où un Roi de France est représenté à cheval, s'inclinant devant une image de la Vierge. Des Seigneurs au nombre de sept y sont aussi représentez tout armez hormis la tête, & marchant à pied après le Roi. Leurs noms & les armoiries de leurs maisons sont au bas. Ces noms sont écrits en caracteres de ce tems-là, mais il y en a deux qui sont effacez, & l'on n'en peut lire que cinq qui sont, du Duc de Touraine, du Duc de Bourbon, de

Pierre de Navarre, de Henri de Bar, & d'Olivier de Cliſſon. Le fond du tableau eſt chargé de loups & de ſangliers. Au plus haut il y a une eſpece de friſe où ſont peints deux Anges qui portent des bandelettes ſur leſquelles eſt écrit trois fois le mot *Eſperance*. La tradition veut que Charles VI. étant à la chaſſe dans la forêt de *Bouconne*, à quelques lieues de Toulouſe, fut ſurpris de la nuit au milieu des bois ſans ſçavoir où il étoit, & que dans cet embarras il ſe voua à la ſainte Vierge, & adreſſa particulierement ſon vœu à une Chapelle qui eſt dans l'Egliſe des Carmes de cette Ville ſous le titre de *Nôtre-Dame de bonne Eſperance*. A peine eut-il fait ce vœu qu'il entendit ſonner du cor & la voix des chiens, ce qui lui fit connoître qu'il n'étoit pas loin de ceux qui l'accompagnoient, & fit qu'il les rejoignit. Il accomplit inceſſamment ſon vœu, & diſtribua aux Princes & aux Grands qui étoient avec lui, à chacun une ceinture d'or ſur laquelle étoit ce mot *Eſperance*. Il faut remarquer que Charles VI. inſtitua cet Ordre à l'imitation de celui que Louis Duc de Bourbon ſon oncle maternel avoit inſtitué vingt ans auparavant.

Dans l'Egliſe de la Maiſon Profeſſe

des Jésuites on voit un tombeau de marbre noir qui a été érigé pour le cœur du Maréchal de Montmorency dont le corps fut transporté à Moulins.

L'Eglise des Dominicains est belle & grande, mais on trouve la voûte trop élevée, & il a fallu la soûtenir par des piliers qui coupent l'Eglise en deux, & forment une disposition de bâtiment fort extraordinaire. Les colonnes sont belles, mais l'on doit principalement remarquer dans cette Eglise le tombeau de *S. Thomas* qui est disposé de maniere que quatre Prêtres y peuvent dire la Messe en même tems devant les Reliques du Saint, lesquelles sont dans une magnifique châsse de vermeil doré. Audessus de la porte de cette Eglise est une orgue double dont la menuiserie est parfaitement bien coupée & entendue, de même que la sculpture qui en fait l'ornement. La Sacristie renferme de beaux ornemens, entre autres un parement d'Autel en broderie, or & argent avec des fleurs au naturel. Cet ouvrage est un des plus beaux qu'il y ait en ce genre, & a été fait par un Frere de ce Couvent.

La Dalbade est une assez belle Eglise, dont le clocher est le plus élevé de la Ville. Elle est desservie depuis l'an 1620. par des Prêtres de l'Oratoire.

Le Couvent des Cordeliers, ou la grande Observance, a une Eglise grande & vaste. On voit au milieu du Chœur le tombeau d'un Comte de Toulouse ; & au côté droit du Maître-Autel celui d'Etienne Duranti Président au Parlement de cette Ville, qui fut tué dans une émotion populaire l'an 1589. De l'autre côté est celui de Jean-Georges de Garaud Seigneur de Donneville, Marquis de Miremont, Président au Parlement de Toulouse, & pere de Madame la Marquise d'Alegre. Ce même Président donna sa Bibliotheque à ce Couvent. Le rétable du Maître-Autel est d'ordre Corinthien, à colonnes, frises & paneaux de marbre de Languedoc, & le plus bel ouvrage que l'on puisse voir pour sa simplicité & pour son bon goût. Dans un caveau qui est au dessous, & que l'on nomme *le Charnier*, l'on voit environ soixante-dix cadavres d'hommes & de femmes, dessechez, n'ayant que la peau collée sur les os. Ils sont dressez tout à l'entour contre la muraille de ce caveau. Ces corps ainsi dessechez sont ceux qu'on retire des tombes de l'Eglise, cette terre étant ici la seule qui ait la proprieté de consumer les chairs, sans endommager le reste. Les Cloîtres ni les autres endroits où l'on enterre, n'ont point cette vertu. Lorſqu'on inhume dans l'Egliſe des corps nouveaux, l'on porte les anciens au clocher pour diſſiper le mauvais air, & de là l'on les tranſporte dans le charnier. Parmi ces corps deſſechez l'on a vû pendant longtems celui de la belle Paule qui fut la plus belle femme de Toulouſe. Les Cloîtres ſont beaux & embellis de peintures qui repréſentent la vie de S. François. L'enclos eſt ſpacieux, & la Communauté fort nombreuſe.

La Compagnie des Pénitens bleus de Toulouſe eſt la plus célébre de tout le Royaume. Elle a dans ſes Regiſtres les noms de pluſieurs Rois, de pluſieurs Princes du Sang, & de tout ce qu'il y a de plus diſtingué dans le Clergé, dans l'Epée & dans la Robe. Leur Chapelle eſt une des plus régulieres de l'Europe. Ce fut le Roi Louis XIII. qui en poſa la premiere pierre.

Il y a dans cette Ville un grand nombre de Colleges dont la plûpart ſont abandonnez. Les deux plus fameux ſont ceux de *l'Eſquille* & des Jéſuites.

Le College de *l'Eſquille* fut achevé de bâtir en 1555. On s'appliqua à le pourvoir de bons Régens, & en effet on compte parmi ceux qui y ont enſeigné, Adrien Turnebe, Tubœuf, Thomas

Barclay, Durand, Parisot, &c. Ce College pour l'entretien duquel la Ville donne tous les ans la somme de quatre mille livres, est présentement régi par les Peres de la Doctrine Chrétienne qui y enseignent avec réputation les Humanitez & la Philosophie. Cette maison offre aux yeux une grande & belle façade de bâtimens qui a quarante-cinq toises de long.

Le College des Jesuites fut fondé en 1656. c'est aujourd'hui un des plus florissans du Royaume. Le bâtiment est vaste & beau. On y voit trois cours de suite, environnées de bâtimens, & tellement disposées que dès l'entrée on peut les voir toutes trois d'un coup d'œil. Il y a dans ce College un morceau de sculpture qui est exquis, & de la main de Bachelier. Il représente Hercule qui s'étant débarassé de ses langes, étouffe de chaque main un serpent. Les attitudes sont si naturelles & si animées, que les Connoisseurs y trouvent quelque chose du Laocoon du Vatican.

La Chartreuse est belle & mérite d'être vûe.

Le cours, la terrasse qui est à la porte de Montolieu, & le jardin de Frescati, sont les promenades les plus fréquentées.

Le moulin du Bazacle mérite d'être vû. Il a seize meules que la Garonne fait tourner, étant retenue par une digue très-forte. Les roues qui font tourner les arbres, y sont attachées de niveau, & tournent dans des cylindres verticaux où l'eau tombant les oblige à se mouvoir.

Au reste il y a à Toulouse Archevêché, Parlement, Bureau des Finances, Hôtel & Chambre des Monnoyes, Présidial, Sénéchaussée, Viguerie, Justice Royale, Table de marbre, Jurisdiction Consulaire, Amirauté, &c.

Castanet.	2. l.
Bassiége.	2. l.
Villefranche.	2. l.
La Bastide d'Anjou.	2. l.
Castelnau-d'Arri.	2. l.
Alzon.	3. l.
Carcassonne.	3. l.
Barbeyrac.	3. l.
Mons.	2. l.
Lezignan.	2. l.
Villedaigne.	2. l.
Narbonne.	2. l.
Villesalces.	3. l.
La Palme.	2. l.
Salces.	3. l.
Perpignan	3. l.
Le Boulon.	4. l.
Prades.	6. l.
Aulette.	2. l.
Mont Louis.	3. l.

CASTELNAU D'ARRI, *Castrum novum Arrii*, est la Ville la plus remarquable du Lauraguez. Elle est située sur une petite éminence au pied de laquelle est un bassin du canal de Languedoc. Le Chœur de l'Eglise Collégiale est assez beau. Il y a aussi dans cette petite Ville quelques maisons assez propres. Celle du Lieutenant Criminel *Serignol*, est la plus commode. Nos Rois y ont logé lorsqu'ils ont passé par Castelnau d'Arri; & Louis de France Duc de Bourgogne y logea en 1701. C'est dans cette maison que le Marêchal Duc de Montmorency fut porté sur une échelle, ayant été blessé & pris à la journée de Castelnau d'Arri en 1632. La maison du Juge Magé, appellée *du Cup*, est aussi très-commode. La Reine mere y logea. Charles de France Duc de Berry y logea aussi en 1701.

CARCASSONNE, *Carcaso*, *Carcasum Volcarum Tectosagum*, *Carcasso*, *Carcassio*, sur l'Aude. Cette Ville est ancienne, puisqu'il en est parlé dans César. Elle est divisée en haute & basse Ville. La haute est nommée *la Cité*, & est séparée de la basse par la riviere d'Aude. Dans la Cité on voit le Château qui est fort, & commande la Ville. La Cathédrale n'est pas des plus magnifiques, & le Palais Episcopal est une vieille maison.

La basse Ville est nouvelle & bien percée ; les rues y sont droites, & les maisons bien bâties. Elle est fort marchande & bien peuplée. C'est la Ville de Languedoc la plus régulierement construite. La Place est un grand quarré long, au milieu duquel est une fontaine faite de cailloutage. Au haut de cette fontaine est un Neptune, & quatre chevaux marins sortent à demi-corps de cette espece de petit rocher. Le Palais qui sert au Présidial, est un bâtiment assez joli. La Maison de Ville est ornée d'une architecture entendue. Les Eglises, les Couvens, & jusqu'aux Chapelles qui sont dans cette Ville, sont autant de jolis bâtimens. Les allées d'arbres qui menent jusqu'au quai, sont d'agréables promenades. L'on ne doit pas passer dans cette Ville sans voir la Manufacture de draps qui est audelà du pont. Les draps qu'on y fabrique sont fins & beaux.

NARBONNE, *Narbo Martius*, *Decumanorum Colonia*, Ville ancienne que les Romains firent la Capitale de cette partie de la Gaule qu'ils appelloient *Gallia Braccata*. Elle est située sur un canal tiré de la riviere d'Aude, & appellé *la Robine*. Ce canal n'est qu'à deux lieues de la mer, & communique aussi avec le canal Royal. Elle a eu des Vicomtes & des

Ducs jusqu'à ce qu'elle fut unie à la Couronne en 1507. Le Roi Louis VIII. la fit démenteler au commencement de la guerre des Albigeois, & ses murailles furent ensuite rebâties aux dépens de l'Archevêque de cette Ville, & des Evêques ses suffragans. Nos Rois y ajoûterent des remparts & des fortifications qui l'avoient rendue une des plus fortes Places du Royaume. Les fortifications ont été détruites, mais les remparts subsistent encore, & sont très-beaux. Narbonne est partagée par son canal en *Cité* & en *Ville*. L'on y entre par quatre portes, dont la Royale & la Connêtable sont anciennes; les deux autres sont assez nouvelles, & leurs inscriptions marquent les raisons qu'on a eues de les ouvrir. Le Séminaire est auprès d'une de ces dernieres, & son bâtiment est digne de la curiosité des Voyageurs. La Cathédrale passe dans l'esprit des gens du pays pour un chef-d'œuvre à cause de la hauteur de ses voûtes & de la hardiesse de sa structure. Ce bâtiment fut commencé sous le Pontificat de Clément IV. qui en étoit Archevêque, & sous le Regne de saint Louis. Il fut interrompu après la construction du Chœur, & l'on ne l'a repris qu'en 1708. L'on voit dans cette Eglise plusieurs tombeaux de marbre.

Celui du milieu du Chœur eſt de Philippe le Hardi, & un des plus anciens que l'on voye de nos Rois de la troiſiéme race. Derriere le chevet de ce tombeau il y a une Inſcription Latine en lettres gothiques, laquelle eſt conçue en ces termes :

Sepulcrum bonæ memoriæ Philippi quondam Francorum Regis, filii B. Ludovici, qui Perpiniani calida febre ex hac luce migravit tertio Nonas Octobris, anno Domini M. CCLXXXV.

C'eſt Philippe le Bel qui fit élever ce monument bientôt après la mort de ſon pere, pour qui il fit une fondation.

Le Soleil où l'on expoſe le S. Sacrement eſt ſi grand & ſi maſſif, qu'il faut huit Prêtres pour le porter.

Le Palais de l'Archevêque eſt une eſpece de fortereſſe compoſée de pluſieurs corps de logis,& environnée de pluſieurs tours quarrées. Le jardin eſt ſpacieux, & l'on y remarque un antique & magnifique tombeau de marbre blanc, & une niche auſſi de marbre, au travers de laquelle les Prêtres du Paganiſme rendoient leurs oracles par un trou quarré qui paroît au milieu de cette niche.

Dans l'Egliſe de S. Paul on remarque

les tapisseries qui sont anciennes, & d'un goût exquis. On remarque aussi la représentation d'une grenouille qui est au fond du bénitier de cette Eglise.

L'Eglise des Carmelites fait l'admiration des Curieux par la beauté des marbres de son Maître-Autel & de ses Chapelles.

Salses est un Fort & un Village qui en mémoire du tems passé a le titre & les prérogatives de Ville. Le Fort fut bâti par ordre de l'Empereur Charles-Quint pour l'opposer à celui de Leucate. Le Village est à deux portées de fusil du Fort, & est tout ouvert. Un peu plus loin l'on trouve sept ou huit maisons qui sont un reste de l'ancienne *Salsulæ* qui avoit pris son nom des eaux salées d'une fontaine voisine.

PERPIGNAN, *Perpiniacum*, est aujourd'hui la Capitale du Roussillon. Cette Ville a été fondée selon quelques-uns par *Perpenna*; mais pour donner dans un pareil sentiment, il faut être crédule jusqu'à l'excès. D'autres croyent que cette Ville fut fondée en 1068. par Guinard Comte de Roussillon; mais M. de Marca remarque qu'il étoit parlé de Perpignan longtems avec le Comte Guinard, puisqu'il en est fait mention dans une Charte datée de la trentiéme année du Regne de Charles le Simple, & dans une autre de la cinquiéme année du Regne de Lothaire petit fils du Roi Charles dont je viens de parler; sans compter que dès l'an 1026. Berenger Evêque d'Elne avoit fait la consécration de l'Eglise de S. Jean de Perpignan. D'ailleurs Guinard n'étoit point Comte de Roussillon en 1068. puisqu'il ne le fut qu'après la mort de son pere Gislabert II. & que ce dernier vivoit encore en 1102. qu'il fonda le Chapitre de S. Jean de Perpignan.

La tradition du pays veut que Perpignan ait pris son nom d'un nommé *Pierre Pigna* que l'on prononce en Catalan *Per Pigna*, qui fit bâtir la premiere maison de cette Ville, & effectivement l'on montre encore une maison où l'on a mis une pomme de pin, armes parlantes de *Pigna*, laquelle on dit avoir été bâtie dans l'endroit où étoit celle de ce Bourgeois. M. de Marca bien loin d'approuver cette étymologie, dit que c'est perdre le tems que de chercher la véritable, & promet de la faire connoître à ceux qui auront trouvé celle du nom de *Roussillon*.

Cette Ville est à la droite de *la Tet* qui va se perdre dans la mer à une lieu de là. On traverse ici cette riviere ſur un pont dont la moitié eſt de brique, & l'autre moitié de pierres. Un petit ruiſſeau qu'on nomme *la Baſſe*, & qui eſt tiré de la Tet au deſſus d'Ille à quatre lieues de Perpignan, aboutit enfin à une porte de *Ceret*. Les murs de cette Ville ſont bâtis de brique avec des chaînes de pierres de taille & un cordon de même. Ils ſont très-hauts, fort épais, & l'on y compte pluſieurs baſtions. Il y a quatre portes principales, celle de *Nôtre-Dame*, celle de *Canet* qui eſt extrémement fortifiée, celle de *Collioure* qui eſt murée, & celle de *S. Martin* ou d'*Eſpagne*. Entre celle-ci & la porte de Nôtre-Dame il y en a une cinquiéme qui eſt nommée *la Porte du ſel*.

L'Egliſe Cathédrale porte le nom de S. Jean, & touche à une autre Egliſe nommée *le vieux S. Jean*. La Cathédrale eſt vaſte & belle; & il n'y manque qu'un portail pour ſon entiere perfection. Le rétable du Maître-Autel eſt de marbre blanc orné de bas reliefs, ſéparez les uns des autres par des pilaſtres chargez de figures. Ce rétable eſt très-eſtimé tant pour ſa matiere que pour le travail. Lorſqu'on y expoſe le Saint Sacrement, c'eſt dans un *Oſtenſoire* ou Soleil de vermeil qui a plus de ſix pieds de haut & qui pese plus de quatre cens marcs.

Outre la Paroisse de l'Eglise de saint Jean, il y a trois autres Paroisses qui sont *Nôtre-Dame de la Réale*, S. Martin, & S. Jacques.

Les Jésuites ont deux Colleges dans cette Ville sans compter le Séminaire. Les Jacobins, les Carmes, les Cordeliers, les Augustins, les Peres de la Merci, les Minimes, les Carmes Déchaussez & les Augustins Déchaussez, y ont aussi des Couvens. S. Sauveur, les Dominicaines, les Filles de Sainte Claire & les Filles de la Congrégation de Nôtre-Dame, sont autant de Couvens de Filles.

Le Corps de Ville de Perpignan est un des plus illustres du Royaume, & composé de cinq Consuls qu'on élit tous les ans la veille de la S. Jean. Ils ont un privilege singulier, qui est de faire deux ou trois personnes *Bourgeois nobles*.

La Citadelle est sur la hauteur & commande la Ville, & passe pour une des plus fortes du Royaume. Elle fut commencée sous le Regne de Charles-Quint, & fut achevée sous celui de Philippe II. l'an 1577. le Duc d'Albe étant pour lors Gouverneur du Roussillon. Les armes de ce Seigneur sont au frontispice de la porte audessous de celles du Roi d'Espagne.

La ſeconde enveloppe & ſes ſix baſtions, ſont l'ouvrage du Chevalier de Ville. Le corps de cazernes a été conſtruit par ordre de Louis le Grand. *Le donjon* eſt un ouvrage quarré, composé de huit tours auſſi quarrées. On fait remarquer à une de ces tours un dextrochere de pierre en ſaillie tenant une épée haute, & les armes de l'Empire à côté. On prétend que c'eſt là que l'Empereur Charles-Quint faiſant la ronde de nuit, trouva la ſentinelle endormie qu'il jetta dans le foſſé, & demeura en faction juſqu'à ce qu'on vint pour relever la ſentinelle. Il y a à Perpignan Evêché, un Conſeil ſupérieur, & pluſieurs autres Juriſdictions. Le Conſeil ſupérieur fut établi en 1660.

Prades eſt une petite Ville près de la Tet, dans une plaine & une ſituation riantes. La Ville eſt jolie, & plus longue que large. Elle dépend pour la Seigneurie de l'Abbaye de la Graſſe. Hors des murs eſt un Couvent de Capucins fort joli, & l'Abbaye de S. Michel de Coxa en eſt à un quart de lieue dans une gorge de la montagne en allant vers le Canigou.

MONT-LOUIS, *Mons Ludovici*, bâtie en 1681. par ordre de *Louis le Grand*. De tant de Villes que ce grand Prince a fait bâtir ou fortifier, Mont-Louis ne partage l'honneur de porter ſon nom qu'avec Saar-Louis & le Fort-Louis. Cette Ville eſt la ſeule Ville de la Cerdagne Françoiſe, & eſt ſituée dans les Monts Pyrenées à la droite du col de la Perche, ſur la hauteur qui domine le pont de la Tet, & qui fait la ſéparation de la Cerdagne & du Conflent. Tout a contribué à la perfection de cette Place, un terrein favorable, une ſituation avantageuſe ſur un roc eſcarpé, & tout diſpoſé pour faire une Place forte. La Ville eſt petite, & l'on n'y compte que huit rues, mais toutes régulieres, bien percées & tirées au cordeau. Il y a deux Places publiques qui ne ſont pas grandes. Les maiſons ſont toutes d'une égale ſymétrie & d'une bonne conſtruction. Les cazernes ſont ſolides, commodes, & bien bâties. L'Egliſe eſt fort jolie. La ſituation de cette Ville & la qualité du terroir ont rendu les eaux très-difficiles à découvrir ; cependant on a pratiqué un puits dont l'eau eſt excellente. L'enceinte de la Ville eſt d'une forme aſſez irreguliere, & cette irrégularité a été une ſuite inévitable de ſa ſituation ſur un roc, qu'on n'a pû manier comme on auroit voulu. Le parapet regne non ſeulement autour de la Place, mais il ferme encore les bastions. Les deux fronts que forme l'enceinte, sont couverts chacun d'une demi-lune.

La Citadelle est bonne & réguliere à peu de chose près. L'enceinte est composée de quatre bastions qui forment autant de fronts; mais celui qui est du côté de l'escarpement du roc, a les flancs droits & très-petits, sans orillons & sans fossé, n'ayant qu'un simple parapet & une grande Place d'armes. Les dedans sont plus remplis de bâtimens, que ne le sont ceux des autres Citadelles. On y remarque les magazins, les cazernes, l'Arsenal, la maison du Gouverneur, & la Place d'armes.

La route que je viens d'indiquer, est presque la même que celle de la poste. Il n'y a de différence qu'au commencement où de Romorentin la poste va à S. Julien, une poste. Dun le Poillier, p. La Bouterie, p. Vatan, p. Levroux, 2. p. Châteauroux, 2. p.

Voyage de Paris à Saint-Jean de Luz par Lion, le Dauphiné, la Provence, le Languedoc, &c.

Ce Voyage n'est que de pure curiosité ; car la route en est si détournée & si longue, qu'il n'y a personne qui voyage pour affaires, qui s'avise de la suivre. Les Curieux qui voudront l'entreprendre, se serviront des Itineraires que j'ai donnez pour aller de Paris à Toulon ; mais lorsqu'ils partiront d'Avignon, ils quitteront cette route pour prendre celle qui suit.

Tarascon.	3. l.
Beaucaire.	
Le Pont du Gard.	
Nismes.	4. l.
Le Pont de Lunel.	4. l.
Montpellier.	4. l.
Gigean.	3. l.
Pezenas.	5. l.
Beziers.	4. l.
Narbonne.	1. l.

TARASCON est une petite Ville sur la rive gauche du Rhône. Elle ne peut

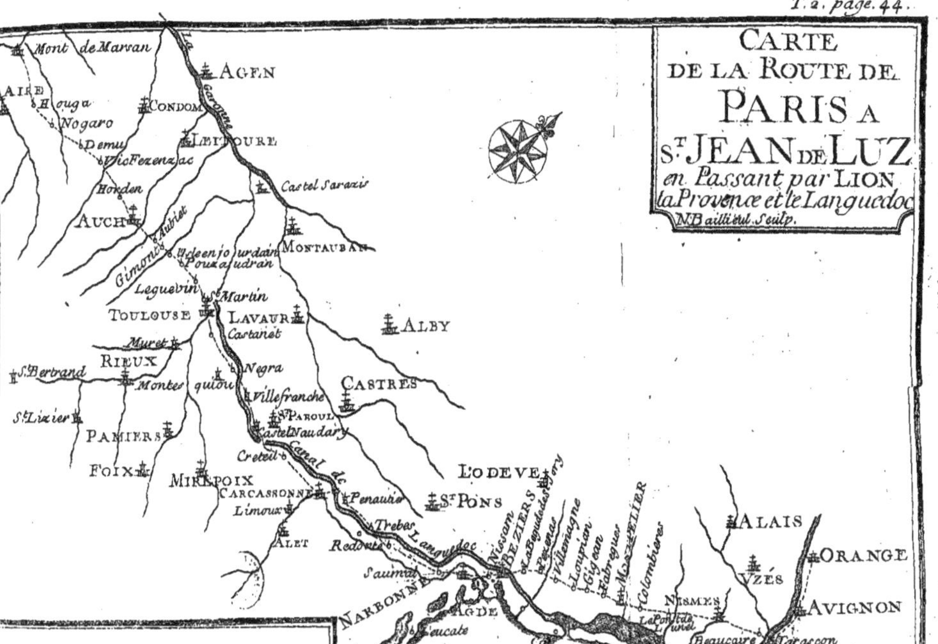
CARTE
DE LA ROUTE DE
PARIS A
S.T JEAN DE LUZ
en Passant par LION
la Provence et le Languedoc
N.B aillieul Sculp.
MER MEDITERRANNEE
Echelles de 25 Lieues
5 10 15 20 25 Lieues

pas avoir pris ſon nom du ſerpent qu'on dit que ſainte Marthe apprivoiſa, puiſque Strabon qui vivoit du tems de J. C. appelle cette Ville *Tarſco*. C'eſt pourquoi il eſt plus probable de croire que le ſerpent prit le nom de *Taraſque* de celui de la Ville qu'il affligeoit. Cette Ville eſt vis-à-vis Beaucaire, & il n'y a que le Rhône entre elles. Le Château fut bâti en 1400. Il eſt ſur un roc au pied duquel le Rhône paſſe. Il conſiſte en un gros donjon quarré & quelques autres tours. Il y a un Gouverneur ſans Lieutenant de Roi & ſans Major. L'an 1482. Louis XI. fonda un Chapitre dans cette Ville qui eſt compoſé de quinze Chanoines dont le Chef s'appelle Doyen.

BEAUCAIRE, *Bellum quadrum*, *Bellum cadrum*, eſt ſur le Rhône, & vis-à-vis de Taraſcon. Cette petite Ville a pris ſon nom d'un Château de forme quarrée qui fut démoli en 1632. & au pied duquel elle étoit ſituée. Elle eſt principalement connue par ſa foire de la Madeleine ſi fameuſe, qu'il y vient des Marchands de toute l'Europe. Il y a à Beaucaire Préſidial, Grenier à ſel, Hôtel de Ville, &c. Quoique cette Ville ſoit en Languedoc, elle eſt cependant du Diocèſe d'Arles. L'Egliſe Collégiale eſt la principale, & ſon frontiſpice eſt orné de quelques figures gothiques. La porte du Rhône est belle & bien bâtie. On croit que Beaucaire se nommoit anciennement *Ugernum*. Les Calvinistes y commirent de grands desordres & de grandes prophanations en 1562.

En allant de Beaucaire à Nismes, le Voyageur curieux doit aller voir le Pont du Gard. On se détourne pour cela d'une lieue, mais c'est bien peu de chose en comparaison du plaisir qu'il aura en voyant un ouvrage aussi admirable que celui-là.

Le Pont du Gard est à trois lieues de Nismes, & fut construit selon les apparences peu de tems après l'amphithéatre de cette Ville; pour y porter l'eau de la fontaine d'*Aure* qui est auprès de la Ville d'Uzès. Ce pont traverse la riviere de Gardon, & est entre deux montagnes dont il fait la jonction. L'aqueduc destiné à conduire les eaux, fait tant de contours à travers des montagnes & des rochers qu'il a près de neuf lieues de long. Il est porté par le pont du Gard. Ce superbe monument des Romains est composé de trois ponts l'un sur l'autre. Le premier est soûtenu par six arcades, dont chacune a cinquante-huit pieds dans œuvre. La longueur de ce premier pont est de quatre cens trente-huit pieds, & sa hauteur est de quatre-vingt-trois. Le ſecond pont eſt porté par onze arcades, chacune deſquelles a cinquante ſix pieds de diamêtre, & ſoixante-ſept pieds de haut. Le troiſiéme a trente-cinq arcades qui ont chacune dix-ſept pieds de diamêtre. Il a auſſi cinq cens quatre-vingt pieds & demi de long. L'aqueduc qui eſt porté par ce dernier pont, a trois pieds de haut, & les trois ponts enſemble en ont cent quatre-vingt-deux ou environ. On ne voit rien qui nous apprenne en quel tems & par qui il a été conſtruit. Les trois lettres gravées que l'on y remarque, ne nous ont rien appris de raiſonnable là-deſſus.

NISMES, ſelon quelques-uns, doit ſon nom & ſa fondation à *Nemauſus*, fils d'Hercule le Lybique; & à ce compte cette Ville ſeroit plus ancienne que Rome de cinq cens quatre-vingt-dix ans. Sans remonter ſi haut, il y a beaucoup d'apparence qu'elle a pris ſon nom des forêts qui étoient aux environs; car dans pluſieurs Actes anciens elle eſt appellée *Nemſe*. Elle étoit autrefois une des plus grandes Villes de l'Europe, ayant onze mille trois cens cinquante-deux pas géometriques de circuit. Quelque tems après la bataille d'*Actium*, Auguſte envoya à Niſmes une Colonie de Veterans qui y fut conduite par Agrippa gendre de cet

Empereur. Après Rome il n'y a point de Ville où l'on trouve autant de monumens antiques. L'on y voit un amphithéatre, la maison quarrée, le Temple de Diane, la Tour-magne, plusieurs statues, & un grand nombre d'inscriptions.

L'Amphithéatre ou les Arenes, est certainement un ouvrage des Romains, & fut bâti, selon les apparences, sous l'Empire d'Adrien. Il est de forme ovale avec deux rangs d'arcades qui font deux galleries posées l'une sur l'autre. On y entre par quatre portes principales, dont l'une est à l'orient, une autre au couchant, la troisiéme au midi, & la quatriéme au septentrion. Ce bâtiment est construit de gros quartiers de pierre aussi dure que le marbre. L'espace du milieu de l'Amphithéatre, & qui servoit aux combats & aux exercices, est de cent pieds de diamêtre, & présentement rempli de petites maisons. Cet Amphithéatre fut fort maltraité par les Wisigoths, qui pour se fortifier en abbatirent une des extrémitez, & y éleverent un Château dont il reste encore deux tours presque ruinées. Charles Martel ayant chassé les Sarrazins de cette Ville, la ruina entierement à la réserve de l'Amphithéatre & du Château. Raymond VI. Comte de de Toulouſe permit aux habitans de Niſmes d'en relever les murailles, & ils firent l'enceinte que l'on voit aujourd'hui.

La Maiſon quarrée a douze toiſes en longueur, ſix de largeur, dix d'élevation avec trente colonnes d'ordre Corinthien, une corniche & une friſe qui ſont des chefs-d'œuvres d'architecture. Comme le ſolide de ce bâtiment eſt élevé de cinq pieds audeſſus de celui de la rue, il y avoit pluſieurs marches larges & aiſées pour y monter. L'on y entroit par un portique ouvert, & de là par une porte que l'on voit encore dans cette *Baſilique*. C'eſt ainſi que tous les Auteurs anciens nomment ce bâtiment. Dans les vieux titres cet édifice eſt nommé *Capduel*, c'eſt-à-dire, Capitole. Quelques-uns prétendent que c'en étoit un, & d'autres veulent que ce fut un *Prétoire*. Cependant il eſt plus probable que c'eſt la Baſilique qu'Adrien fit bâtir en l'honneur de Plotine. Aujourd'hui c'eſt une jolie Egliſe deſſervie par des Peres Auguſtins.

Le Temple de Diane eſt antique & d'une grande magnificence. Il a neuf toiſes de long, ſept & demie de large, & ſix de haut, ſans y comprendre deux foyers qui ſont aux côtez de l'Autel. Il eſt enrichi de dix colonnes d'ordre Compoſite, qui portent une corniche qui regne au pourtour du Temple. La voûte est de gros quartiers de pierre de six pieds de long, d'un pied & demi d'épaisseur, & de trois pieds de large. L'entrée de ce Temple est à l'orient; l'Autel & les foyers sont au couchant. Au nord & au midi il y avoit au dehors deux allées couvertes pour introduire les victimes destinées aux sacrifices, sans incommoder les Prêtres ni les assistans.

La Tour-Magne est sur une hauteur & proche du Temple de Diane. C'est un reste d'une grosse tour octogone à plusieurs étages. Elle est massive depuis le bas jusqu'au milieu de son élévation, & a un escalier à plusieurs rampes tout à l'entour. Il y a dans cette Tour six petites édules en demi rond de six toises de profondeur, où l'on ne pouvoit entrer que par le haut. Au milieu du massif il y avoit deux autres petites chambres. Les uns disent qu'on conservoit dans cette Tour *le Trésor public*, parce qu'il y avoit à Nismes quatre Questeurs publics; & les autres assurent que c'étoit un Phare, à cause que dans les anciens titres elle est nommée *Lampese.*

Les Curieux voyent aussi dans Nismes une infinité d'inscriptions antiques, des bas-reliefs d'une sculpture admirable, & plusieurs statues qui marquent la magnificence & l'antiquité de cette Ville.

L'Eglise Cathédrale est un ancien bâtiment, & le Palais de l'Evêque est assez logeable.

L'Eglise des Jésuites est belle & magnifique. Son seul défaut est d'avoir trop d'ornemens dans les ordres d'architecture, ce qui en rend le goût mesquin & colifichet.

La Citadelle consiste en quatre bastions, & a été bâtie il y a environ cinquante-cinq ans. Elle est bien entretenue, & le Roi y entretient garnison.

Les environs de Nismes sont charmans. A deux lieues de cette Ville est une belle & agréable maison appellée *Caverac*. Elle a ruiné ses maîtres qui ont dépensé, à ce qu'on dit, plus de seize cens mille livres pour lui donner la beauté, la régularité, & les autres ornemens qu'elle pouvoit recevoir.

Le Pont de Lunel est sur la Vidourle, & c'est ici la séparation du Diocèse de Nismes & de celui de Montpellier.

MONTPELLIER, *Mons Pessullanus*, *Mons Pislerius*, *Mons Pestorius*, *Mons puellarum*, est située sur une colline dont la riviere de Lez arrose le pied. Cette Ville fut bâtie après que Charlemagne eut fait démolir *Maguelonne*, parce qu'elle servoit de retraite aux Sarrazins. L'Evêché & les habitans furent transferez à *Souſtancion* qui étoit le chef lieu d'un Comté de même nom ; mais l'air y étoit ſi mal ſain, qu'ils réſolurent de l'abandonner, & de bâtir une nouvelle Ville ſur une montagne qui étoit à un mille de là ; & voilà l'origine de la Ville de Montpellier. L'on croit qu'ils furent déterminez à choiſir ce terrein par la ſainteté de deux filles qui y vivoient dans une eſpece d'Hermitage, & que c'eſt ce qui a fait donner le nom à cette Ville de *Mons puellarum*. Montpellier eſt une des belles Villes du Royaume, quoiqu'elle ſoit mal percée, & que ſa ſituation ſoit haute & baſſe. Elle a ſept portes & un aſſez grand nombre d'Egliſes. Les maiſons ont peu d'apparence en dehors, mais ſont propres en dedans. Celle du Préſident des Plans eſt belle, commode, & des plus logeables de toute la Ville. Les Princes fils de France, y logerent en 1701. pendant le ſéjour qu'ils firent à Montpellier.

L'Egliſe Cathédrale eſt ſous l'invocation de S. Pierre. C'eſt un aſſez grand bâtiment qui n'a qu'une Nef ſans bas côtez. Il y a dans le Chœur trois tableaux de la Vie de S. Pierre, dont celui du milieu eſt de Sebaſtien Bourdon.

Le Roi Louis XIII. à la tête d'une armée aſſiégea cette Ville qui étoit occupée par les Calviniſtes en 1623. & s'en étant rendu maître après une longue réſiſtance, y fit bâtir une Citadelle qui commande la Ville & la campagne. Sa forme eſt un quarré parfait, composé de quatre baſtions. Au pourtour regne un foſſé plein d'eau, dans lequel ſont trois dèmi-lunes de terre. Le foſſé de ces demi-lunes eſt ſec, parce qu'elles ſont plus élevées que le corps de la Place. Toute la Citadelle eſt enceinte de ſon chemin couvert & de ſon glacis.

Cette Ville a Evêché, Chambre des Comptes, Cour des Aides, Bureau des Finances & Préſidial.

La Canourgue eſt une terraſſe où l'on ſe promene le ſoir.

Le Peyrou eſt une promenade hors de la Ville. C'eſt une des plus belles Places du Royaume par ſa ſituation & par la vûe qu'elle donne de tous côtez, tant ſur la mer, que les Pyrenées & montagnes voiſines. A toutes les beautez de cette Place, l'on a ajoûté une ſtatue équeſtre de Louis le Grand en bronze, laquelle a été faite par Coyzevox. La Porte de la Ville par laquelle on va à cette promenade, eſt un arc de triomphe bâti avec beaucoup de dépenſe, tout revêtu d'architecture, accompagné de quatre bas-reliefs parfaitement beaux. En sortant par cette porte l'on découvre sur la droite *le Jardin du Roi.* Il fut construit l'an 1598. à la sollicitation d'André du Laurens Chancelier de la Faculté de Medecine de Montpellier, & pour lors premier Medecin du Roi Henri IV. Ce jardin est très-bien entretenu, & a six grandes allées principales dont quelques-unes sont en amphithéatre. Celles des plantes médicinales sont élevées & revêtues de pierre. Il y a des rigoles de distance en distance, & des robinets pour les arroser.

Le peuple de Montpellier est humain, aime la societé & les étrangers. Les femmes y sont belles, & on a de la peine à comprendre comment une seule Ville peut produire un aussi grand nombre de jolies personnes.

PEZENAS, *Piscenæ*, *Piscena*, sur la riviere de Peyne, est dans une des plus belles situations de la Province. Il y a une Eglise Collégiale, un College de Prêtres de l'Oratoire, & quelques Couvens. C'étoit une Châtellenie que le Roi Jean érigea en Comté en faveur de Charles d'Artois en 1361. Il entra ensuite dans la Maison de Montmorency, & le Connêtable de ce nom y fit bâtir le Château qu'on nomme *la Grange des prez*, qui est la plus belle maison du Languedoc. Ce Comté passa à M. le Prince de Condé par la mort du dernier Duc de Montmorency, & il est depuis échu en partage aux Princes de Conti, cadets de la Maison de Bourbon-Condé. Il y a dans cette Ville, où l'on a plusieurs fois tenu les Etats de la Province, quelques maisons assez belles. Celle de la Valette Intendant du Prince de Conti est la plus commode & la plus logeable. Il y a à Pezenas un Présidial, & cette Ville est du Diocèse d'Agde. *Le Poulain* est une grande machine qu'on fait sortir dans toutes les réjouissances publiques. Il est vêtu de bleu avec des fleurs de lys d'or. Les danses & les sauts qu'on lui fait faire, sont assez réjouissans.

BEZIERS, *Betira*, *Beterræ*, *Beterra*, est situé sur une colline au pied de laquelle coule la riviere d'Orbe. On la passe ici sur un pont de pierre assez beau, d'où l'on monte à la Ville par deux chemins, l'un droit & roide, & l'autre qui cottoye la colline, & que l'on appelle le chemin neuf. L'Eglise de S. Nazaire est petite pour une Cathédrale. Elle consiste en une Nef séparée en deux dans sa longueur par le Chœur. L'on remarque sur le frontispice quelques figures assez estimées. La Tribune de l'Orgue est portée par des pilastres où sont adossez des termes portant des paniers de fleurs sur leurs têtes, & d'une disposition peu convenable à un lieu saint, de même que trois satyres de menuiserie qui sont audessus, & forment une espece de console qui soûtient les Orgues qui sont doubles, & d'ailleurs d'une assez belle menuiserie. La terrasse ou *belveder* qui est au devant de cette Eglise, est un point de vûe enchanté. Le Palais de l'Evêque est une maison jolie & réguliere. Vis-à-vis sur le mur d'une maison qui fait face à la grande Place, l'on remarque plusieurs bas-reliefs & des inscriptions que je ne pus déchiffrer. *La Citadelle* étoit dans l'endroit le plus élevé vers la porte appellée *de la Citadelle*. Il y a auprès une Place ou *Belveder*, qui est une promenade dont les vûes sont aussi très-agréables. La Ville en général est d'une grande enceinte, mais elle n'est pas peuplée à proportion de sa grandeur, n'ayant que trois mille six cens trente-neuf familles. On peut dire que les environs de Beziers sont les plus beaux de la France, & que les dix écluses accolées du canal qui sont à la vûe de cette Ville, forment un des plus beaux coups d'œil qui soit peut-être en Europe. Le College des Jésuites fut fondé par la Ville en 1599.

Paul Riquet Entrepreneur du canal de Languedoc, & Paul Fontanier Pelisson un des plus beaux esprits que la France ait eus, étoient nez à Beziers.

Les Romains firent Beziers *Colonie*, & y envoyerent du tems de César les soldats de la septiéme légion, ce qui fait que Pline l'appelle *Beterræ Septimanorum.* Cette Ville eut aussi deux Temples bâtis en l'honneur d'Auguste & de Julie; mais les Goths ruinerent ces beaux ouvrages dans le cinquiéme siecle.

NARBONNE. *Voyez la description de cette Ville dans le Voyage de Paris à Perpignan & à Mont-Louis.*

Saumal.	2. l.
Redorte.	5. l.
Trebes.	5. l.
Penautier.	1. l. & d.
Carcassonne.	1. d. l.
Creteil.	3. l.
Castelnaudarri.	5. l.
Negra.	5. l.
Toulouse.	4. l.

Saumal n'est qu'une seule maison, ou cabaret sur le bord du canal de Languedoc, & c'est ici qu'on s'embarque.

Ce canal est un ouvrage merveilleux qui commence à Agde, & finit à Toulouſe où il ſe perd dans la Garonne. L'on prétend que les Romains avoient conçu le deſſein de ce canal, mais que les difficultez qu'ils avoient prévûes, le leur avoient fait abandonner. Riquet plus hardi & plus heureux, fit travailler à ce grand ouvrage depuis l'an 1666. juſqu'en 1680. qu'il fut conduit à ſa perfection. Il eut la gloire & la ſatisfaction de le voir achever avant ſa mort, & laiſſa à ſes deux fils celle d'en faire le premier eſſai en 1681.

L'inégalité du terrein, les montagnes, les rivieres & les torrens qui ſe rencontrent dans la route, avoient toujours paru juſqu'à Riquet des obſtacles inſurmontables; mais cet homme entreprenant remédia à tous les inconvéniens, ou par des écluſes qui ſoûtiennent l'eau dans les deſcentes, ou en faiſant entr'ouvrir ou percer des montagnes, ou en faiſant conſtruire des ponts & des aqueducs ſur leſquels on fait paſſer des rivieres ou des torrens. L'on compte 15. de ces écluſes du côté de l'Océan, & 45. du côté de la Méditerranée. Celles qui font le plus bel effet à la vûe, ſont les dix que l'on voit à Fonſerane auprès de Beziers, & qui font comme une caſcade d'écluſes de cent cinquante-ſix toiſes de longueur ſur onze toiſes de pente. Quant aux aqueducs, on en compte trente-ſept, & huit ponts parmi leſquels il y en a de fort beaux, tels que ſont ceux de *Repudre*, de *Trebes*, de *Lers*, &c. Ce canal a coûté plus de treize millions, dont le Roi a donné plus de la moitié, & la Province le reſte.

Penautier eſt une belle & magnifique maiſon qui a été bâtie & embellie par feu Pierre-Louis de Reich de Penautier Tréſorier de la Bourſe des Etats de Languedoc, & Receveur général du Clergé de France.

Caſtelnaudarri, Carcaſſonne & Toulouſe ont eté décrites dans le Voyage de Paris à Perpignan & à Mont-Louis, & le Lecteur peut y avoir recours. De Toulouſe l'on va à

S. Martin.	1. d. l.
Leguevin.	2. l.
Pouzaudran.	1. l.
L'Iſle en Jourdain.	1. l.
Gimont.	1. d. l.
Aubiet.	1. l.
Auſch.	2. l.
Horden.	2. l.
Vic Fezenzac.	2. l.
Demu.	1. l. & d.
Nogarot.	2. l. & d.
Houga.	2. l.

L'Isle Jourdain ou *en Jourdain*, est une petite Ville du Diocèse de Toulouse, & située sur une petite riviere nommée le Save. Elle a été longtems possedée par une ancienne famille dont plusieurs ont porté le nom de *Jourdin*. Il y avoit un Château qui a été rasé. Il y a aussi une Eglise Collégiale.

Gimont est une petite Ville sur une colline, & du Diocèse de Lombez. On compte trois Eglises Paroissiales dans cette Ville & un Hôpital. La principale de ces Eglises est sous l'invocation de Nôtre-Dame, & est au milieu de la Ville. La Chapelle de Nôtre-Dame de *Causac* est peu éloignée de Gimont, & est très-fameuse dans tout le pays. L'Abbaye de Gimont de l'Ordre de Citeaux est en allant vers Saramont, & dans le Diocèse d'Auch.

AUSCH ou AUCH, que les Gaulois nommoient *Climberris*, *Climberrum*, & les Romains *Augusta Auscorum* & *Ausci*, est une Ville riante & jolie, située près de la riviere de Gers sur un tertre au milieu d'un vallon environné de montagnes de tous côtez. On la divise en *Ville haute* & *Ville basse*. On monte de cette derniere à la premiere par un escalier de pierres d'environ deux cens marches. César dit que les peuples d'Ausch se rendirent à Crassus, & qu'après la victoire qu'il remporta sur les Gascons, ils lui envoyerent des ôtages. Strabon assure que ses peuples jouissoient du droit Latin.

L'Eglise Archiépiscopale est une des plus belles du Royaume, & est sous l'invocation de la Vierge. C'est un bâtiment gothique qui pour sa grandeur & sa disposition ressemble à celui de S. Eustache de Paris. Le portail est un morceau moderne pris hors d'œuvre. Il consiste en trois portes ceintrées & ornées de colonnes couplées d'ordre Corinthien. Il soûtient deux tours quarrées qui sont décorées dans leur hauteur de deux autres ordres, d'un Composite & d'un Attique ; de sorte que trois Ordres d'architecture l'un sur l'autre concourent à la décoration de cette façade. C'est Henri de la Mothe-Houdancourt l'un des derniers Archevêques d'Auch qui a fait la dépense de cet ouvrage. A l'entrée intérieure de ce portail est une espece de porche en voûte de Cloître orné du côté de la Nef d'un ordre Corinthien à pilastres couplez, & soûtenant un Jubé d'Orgues d'un goût fort élégant. La fermeture du Chœur est un autre Jubé décoré d'un ordre Corinthien à colonnes couplées dont les fusts, la frize & les paneaux sont d'un beau marbre de Languedoc avec des tables de marbre noir entre les couples des colonnes. Au milieu de cet ouvrage est la porte du Chœur audessus de laquelle sont en relief de pierre blanche les quatre Evangelistes. Le tout a été fait en 1671. par Gervais Drouet. L'architecture en est passable, mais les figures sont audessous du médiocre. Toutes les Chapelles qui sont sous les bas côtez de la Nef & du Chœur, sont fermées d'une balustrade d'appui de marbre de Languedoc. Trois de ces Chapelles ont des retables ornez de grands bas-reliefs de pierre marbrine blanche & jaune, renfermez dans des ordonnances d'architecture assez belles. La principale de ces Chapelles est sous l'invocation de la sainte Trinité. L'on y voit un Christ que les trois Maries & quelques autres personnes mettent dans un sépulchre de pierre blanche que l'on dit être d'un seul bloc. Cet ouvrage de même que quelques autres figures que l'on voit dans cette Chapelle, sont d'un ouvrier peu habile. Le retable du *Maître-Autel* est d'ordre Corinthien, à colonnes & paneaux de marbre noir. Il y a aussi deux petites tribunes en saillie, le tout d'une disposition assez bizarre & mal entendue. La boiserie du Chœur passe pour un chef-d'œuvre. Elle est d'un goût un peu moins que gothique, mais excellemment travaillée pour les ornemens & la fécondité du génie que l'on remarque de tous côtez. Il y a un double rang de formes dont les dossiers des supérieures sont autant de bas-reliefs qui représentent ou des Saints ou des figures allégoriques des Vertus presque aussi grandes qne le naturel. Ces figures de même qu'un million de petites, ne sont pas d'un aussi bon goût de dessein que les autres ornemens : cependant cet ouvrage qui est une espece de filigrane en bois, est le plus singulier & le plus beau que l'on puisse voir dans ce genre-là. Cette sculpture a été faite aux dépens de François-Guillaume de Clermont Lodeve Archevêque d'Auch & Cardinal, qui mourut à Avignon en 1540. C'est aussi ce même Archevêque qui fit faire le vitrage de cette Eglise, lequel passe pour un ouvrage incomparable. Derriere le Maître-Autel est une Chapelle qui a une voûte d'ogive entierement surbaissée, faite d'une seule pierre, & toute découpée à jour, n'ayant que les nerfs des massifs, encore sont-ils si déliez, que l'on considere cette piece comme un morceau d'architecture très-hardi & fort singulier.

L'Archevêque d'Auch est Seigneur d'une partie de la Ville, & le Comte d'Armagnac l'est de l'autre.

Nogarot eſt la Capitale du bas Armagnac, & eſt ſituée ſur la riviere de Douze à trois lieues d'Eauſe, & à quatre d'Aire. Il y a ici une Egliſe Collégiale & un Siege Préſidial. Nogarot eſt une des cinq Villes qui furent données en échange au Duc de Bouillon pour la Principauté de Sedan.

Le Mont de Marſan eſt à quatre lieues d'Houga ; & dès qu'on eſt arrivé dans cette Ville, on ſuit la route que j'ai indiquée ci-deſſus dans le Voyage de Paris à Saint Jean de Luz, en paſſant par le Poitou, &c.

Voyage de Paris à Straſbourg.

Claye.	6. l.
Meaux.	4. l.
La Ferté.	5. l.
Viexmaiſon.	4. l.
Montmireil.	3. l.
Eſtauge.	5. l.
Bierges.	5. l.
Châlons.	4. l.

C*Laye* eſt un Village où il n'y a rien de remarquable que les belles maiſons qu'on voit aux environs.

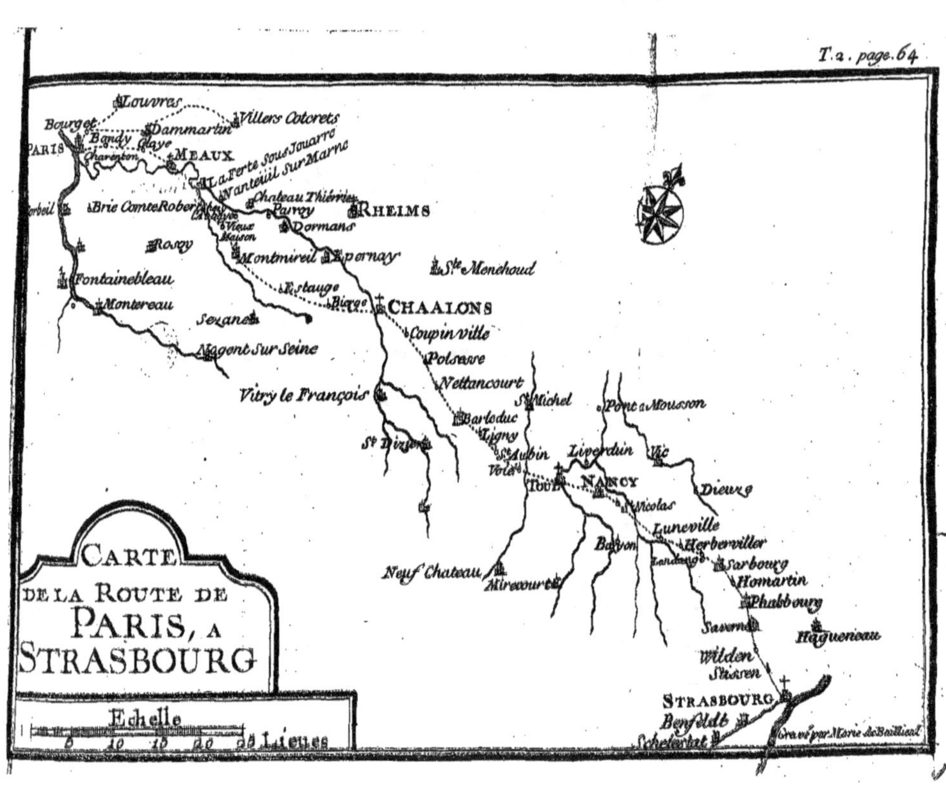
T.2. page.64
CARTE DE LA ROUTE DE PARIS, A STRASBOURG
Echelle
5 10 15 20 25 Lieues
Louvres
Bourget
Dammartin
Villers Cotorets
PARIS
Bondy
Claye
Charenton
MEAUX
La Ferte Sous Jouarre
Nanteuil Sur Marne
Chateau Thierrie
Parroy
RHEIMS
Dormans
Brie ComteRobert
Vieux Maison
Rosoy
Montmireil
Epernay
Ste Menehoud
Fontainebleau
Estauge
Bierge
CHAALONS
Montereau
Sezane
Coupinville
Nogent Sur Seine
Polsesse
Nettancourt
Vitry le François
St Michel
Pont a Mousson
Barleduc
Ligny
St Dizier
St Aubin
Liverdun
Vic
Void
TOUL
NANCY
Dieuze
St Nicolas
Luneville
Bayon
Herberviller
Sarbourg
Homartin
Neuf Chateau
Mirecourt
Phalsbourg
Saverne
Haguenau
Wilden
Stissen
STRASBOURG
Benfeldt
Schelestat
Gravé par Marie de Bailleul

MEAUX, *Jatinum*, *Civitas Meldorum*, ſur la riviere de Marne, eſt une Ville Epiſcopale, & la Capitale de la Brie. Le pays où cette Ville eſt ſituée, eſt ſi agréable & ſi fertile que Ptolemée le nomme *Latium Meldorum*, par alluſion aux environs de Rome. L'Egliſe Cathédrale eſt ſous l'invocation de ſaint Etienne, & paſſoit pour un chef-d'œuvre d'architecture avant que les Anglois euſſent ruiné une de ſes tours. Ce bâtiment étoit redevable de ſa perfection à la Reine *Jeanne de Navarre*, dont on voit le buſte à la clef de la voûte, lequel par reconnoiſſance on encenſe trois fois tous les jours à la Meſſe.

Dans l'Egliſe de l'Abbaye de S. Faron l'on remarque le tombeau d'Oger & de Benoît, deux fameux Preux de la Cour de Charlemagne, qui renoncerent aux avantages & aux agrémens du monde pour ſe faire Moines dans cette Abbaye. On peut voir l'eſtempe de ce monument dans les Annales Bénédictines du P. Mabillon.

Le Palais Epiſcopal eſt remarquable par ſa cour & par ſon eſcalier.

Le Roi Charles IX. étant à Meaux, les Calviniſtes commandez par l'Amiral de Coligny, s'avancerent vers cette Ville au mois de Septembre 1567. pour y surprendre la Personne de Sa Majesté ; ce qu'ils auroient executé sans l'arrivée de six mille Suisses qui mirent le Roi au milieu d'eux, & marcherent en bataillon quarré depuis Meaux jusqu'à Paris, sans que les Calvinistes osassent les attaquer. Si la Ville de Meaux suivit le parti de la ligue, elle fut aussi la premiere qui rentra sous l'obéissance du Roi Henry IV. par les sages conseils de Louis de l'Hôpital de Vitri qui en étoit pour lors Gouverneur.

Le Roi Henry II. érigea la Ville de Meaux en Comté, & en fit don à la Reine pendant sa vie par Brevet du premier Juillet de l'an 1558. qui fut enregistré au Parlement le 7. de Septembre de la même année.

La Ferté sous Jouare est une petite Ville située sur la Marne qui y reçoit le petit Morin. La Ferté est divisée en *Ville*, *Cité* & *Université*. La Cité est une Isle entre deux ponts par lesquels elle est jointe à la Ville & à l'Université, qui est *le faubourg de Cornillon*. C'est dans cette Isle qu'est un grand Château bâti à la moderne. Au delà du *faubourg de Cornillon* est une grande prairie avec plusieurs belles allées d'ormes. L'Abbaye de Jouare est audessus.

MONTMIREIL, *Mons mirabilis*,

est une petite Ville de Champagne située sur une hauteur près du grand Morin. Il y a un beau Couvent de Filles où il y a toujours un grand nombre de Pensionnaires. La Seigneurie de cette Ville appartient à Messieurs le Tellier Marquis de Louvois & de Courtenvaux.

Estauges n'est qu'un Village où il y a un assez beau Château.

Bierge n'est aussi qu'un Village où il n'y a rien de remarquable.

CHALONS *Catalaunum*, est sur la riviere de Marne, & a pris son nom, à ce que l'on croit, des *champs longs*, ou vastes plaines dont elle est entourée. C'est dans ces plaines que se donna, selon quelques-uns, cette bataille mémorable entre Merovée, Theodoric Roi des Wisigoths, & Ætius Général des Romains, d'une part; & Attila Roi des Huns, de l'autre. Ce dernier y perdit, à ce qu'on prétend, plus de deux cens mille hommes. Les Historiens ne conviennent pas ni du lieu ni du tems de cette bataille. Il y en a qui prétendent qu'elle se donna près d'Orleans; d'autres près de Toulouse; & d'autres enfin en Auvergne, auprès d'un Village appellé anciennement *Catalacus*. Les uns disent que ce fut en l'an de grace 450. & les autres la 27e. année de l'Empire de Valentinien III. Ce qu'il y a de constant, c'est qu'on voit encore à deux ou trois lieues de Châlons entre les Villages de *la Chepe* & de *Cuperly*, des restes des retranchemens ausquels des titres donnent le nom de *Camp d'Attila*. Sur ce fondement M. Baugier qui a donné depuis peu au Public des Mémoires historiques de la Province de Champagne, croit que cette bataille se donna en cet endroit. Il va même plus loin; car non seulement il fixe l'heure du jour à laquelle les armées en vinrent aux mains, mais encore nous donne leur ordre de bataille, & nous parle de leurs évolutions avec la même assurance que s'il en avoit été le Major général.

Depuis la réunion de la Champagne à la Couronne, la Ville de Châlons ne s'est jamais écartée de la fidélité que l'on doit à son Souverain. Ce fut en considération de cette fidelité que le Roi Henri III. y transfera le Parlement de Paris le 26. d'Avril de l'an 1589. Immédiatement après la mort de ce Prince, la Ville de Châlons se déclara pour Henri IV. légitime héritier du Royaume de France. Le Parlement qui y étoit séant donna un Arrêt célebre le 6. de Juin de l'an 1591. qui ordonnoit qu'une Bulle du Pape Grégoire XIV. laquelle portoit excommunication contre le Roi, seroit brûlée publiquement par la main du bourreau. Il en donna encore un autre le 18. de Novembre de l'an 1592. contre la Bulle du Pape Clement VIII. qui convoquoit les Etats Généraux du Royaume pour élire un autre Roi. Henri le Grand fut si sensible à l'attachement que cette Ville eut pour ses interêts, qu'il ordonna au Directeur de la Monnoye de Champagne de faire frapper des médailles en bronze, en argent & en or, sur lesquelles on voit d'un côté le portrait de ce Monarque, & de l'autre des fourneaux, des creusets, les outils qui servent à faire de la monnoye, & ces lettres & chiffres Æ. A. A. F. F. 1591. Autour est cette inscription : *Catalaunensis fidei monumentum.*

L'Evêque de Châlons est Comte & Pair de France.

L'Eglise Cathédrale est remarquable par son Jubé & par ses deux clochers de pierre de taille qui passent pour des chefs-d'œuvres d'architecture. Le Maître-Autel & la Chaire Episcopale sont de marbre de différentes couleurs, & ont été faits aux dépens du Cardinal de Noailles dans le tems qu'il étoit Evêque de cette Ville.

L'Eglise Collégiale de Nôtre-Dame est au milieu de la Ville. Elle a fait beaucoup de bruit dans ces derniers tems pour une Relique qu'elle possedoit, & qu'elle prétendoit être *une portion de l'umbilic de Jesus-Christ*; mais le Mardi 19. Avril 1707. Gaston-Jean-Baptiste-Louis de Noailles pour lors Evêque de Châlons, s'empara de la prétendue Relique, & supprima judicieusement le culte qu'on lui rendoit.

A une des portes de la Ville de Châlons l'on trouve une promenade fort vantée appellée *le Jard*, & qui en effet est une des plus belles qu'on voye en aucun endroit du Royaume. C'est une grande prairie presque entourée de tous côtez par la riviere de Marne, & par celle de Nau, & décorée d'un grand nombre d'allées d'ormes & de tilleuls plantez régulierement. On y distingue le petit & le grand Jard. Au sortir de ce dernier l'on entre dans trois grandes allées que M. le Cardinal de Noailles fit planter pendant qu'il étoit Evêque de Châlons, & lesquelles conduisent au Château de *Sarry* qui est à une grande demie lieue de là. Ce Château appartient aux Evêques de Châlons, & est un ancien bâtiment; mais les jardins en sont magnifiques, & doivent leurs embellissemens à feu M. de Vialart Evêque de Châlons, qui dans un tems de famine dépensa une somme très-considerable pour donner aux pauvres les moyens de ſubſiſter en travaillant.

Coupinville.	4. l.
Polſeſſe.	4. l.
Nettancourt.	3. l.
Bar-le-Duc.	4. l.
Ligny.	3. l.
S. Aubin.	2. l.
Voye.	3. l.
Toul.	4. l.
Nancy.	4. l.
S. Nicolas.	2. l.
Luneville.	2. l.
Herberviller.	4. l.
Blamont.	2. l.
Landange.	3. l.
Sarbourg.	3. l.
Phalſbourg.	4. l.
Saverne.	2. l.
Quitletſon.	3. l.
Straſbourg.	4. l.

Coupinville, *Polſeſſe* & *Nettancourt* ne ſont que des Villages. A un quart de lieue du dernier l'on trouve un petit ruiſſeau que l'on paſſe ſur un pont de bois, & ce ruiſſeau fait la ſéparation de la France & de la Lorraine.

BAR-LE-DUC, *Barrum Ducis*, fut bâti par Frederic pour lui ſervir de barriere contre les incursions des Champenois. C'est la Capitale d'un petit pays appellé *le Barrois*, qu'on divise en Barrois mouvant, c'est-à-dire, qui releve de la Couronne de France, & en Barrois non mouvant. Cette petite Ville & son Château sont sur une hauteur au bas de laquelle il y a un beau faubourg où l'on travaille à toutes sortes d'ouvrages d'acier. La riviere d'Ornai y passe.

LIGNY sur la riviere d'Ornai, est une petite Ville du Barrois, & le chef-lieu du Comté de son nom. Elle est très-ancienne. Heribert & Etienne Comtes de Vitry se mirent en possession de la Ville sous l'Episcopat de S. Gauzelin Evêque de Toul, & elle devint dès-lors du Comté de Champagne, mais Thibaud le Grand Comte de Champagne ayant dans la suite marié Agnès sa fille aînée à Renaud II. du nom Comte de Bar, & lui ayant donné pour dot Ligny & ses dépendances, cette Seigneurie qui n'étoit pour lors qu'une Châtellenie, fut unie au Barrois. Ce fut le Roi Jean qui l'érigea en Comté. La Comtesse Agnès dont je viens de parler, y fonda une Collégiale qu'elle fit bâtir au milieu de son Château l'an 1197. Il y a aussi un Couvent de Cordeliers, un de Filles de la Congrégation, un d'Ursulines,

sulines, un de Capucins & un d'Annonciades. François I. Roi de France avoit fait élever audessus des Capucins une Forteresse qu'on nommoit *Pilleviteuil*, mais il n'en reste que quelques ruines. Ce Comté passa dans la maison de Luxembourg par le mariage de Marguerite de Bar avec Henri Comte de Luxembourg. Charlotte de Luxembourg le porta à Henri de Clermont-Tonnerre. Madeleine, Charlotie, Bonne, Thérese de Clermont leur fille le fit passer à François de Montmorenci Marêchal de France qu'elle épousa en 1661. Charles-François de Montmorenci Duc de Luxembourg l'a vendu depuis quelques années à Leopold I. Duc de Lorraine.

Entre Ligny & S. Aubin dans l'espace de deux lieues l'on découvre & l'on admire un des plus beaux paysages qu'il y ait en Europe.

TOUL, *Tullum Leucorum*, *Civitas Leucorum*, *Tullo*, sur la Moselle. Quoique cette Ville n'ait pas sans doute été bâtie par *Tullus Hostilius* troisiéme Roi des Romains, il est néanmoins constant qu'elle est fort ancienne. Elle est située dans un des plus agréables vallons qu'on puisse voir. Une chaîne de montagnes & de côteaux couverts de vignes l'entoure à moitié. Toul de même que Metz & Verdun avoient été de l'ancien Domaine de la Couronne de France, & y furent réunies sous le Regne de Henri II. Cette Ville a un Siége Episcopal dont le Diocese est le plus grand du Royaume ; car il renferme environ deux mille Paroisses. On la nomme Toul *la sainte*, parce que vingt-deux de ses Evêques sont reconnus pour Saints. La Moselle coule assez près des murailles de Toul & y reçoit un ruisseau, lequel traversant la Ville y fait moudre plusieurs moulins, & fournit les eaux nécessaires aux tanneurs & aux bouchers. Louis XIV. a fait faire sur la Moselle un très-beau pont de pierre dont les extrémitez sont terminées par de grandes chaussées avec des voûtes d'espace en espace, pour donner cours aux eaux qui inondent la prairie dans les débordemens.

Les anciens murs de la Ville de Toul furent razez en 1700. & l'on forma une nouvelle enceinte flanquée de neuf bastions Royaux ; ce qui en fait une Place très-réguliere, & beaucoup plus grande qu'elle n'étoit auparavant. Il y a grand nombre de Couvens & d'Eglises dans cette Ville. La Cathédrale est un fort beau bâtiment. L'on compte dans Toul six mille habitans distribuez sous quatre paroisses & sous neuf banieres ou quartiers. Il n'y a que deux fauxbourgs uniquement considerables par les deux Abbayes qui leur ont donné le nom de *Saint Evre* & de *Saint Mansui*.

S. Loup Evêque de Troyes étoit né à Toul, & mourut le 2. Juillet de l'an 429.

NANCY, est sur la riviere de Meurte, & la Capitale de la Lorraine. On la divise en vieille & nouvelle. Le Palais des Ducs est dans la vieille. Il est vaste & remarquable par son architecture. Les meubles sont dignes des grands Princes qui l'habitent. On remarque particulierement une figure humaine de grandeur naturelle à laquelle on peut faire faire toutes sortes de mouvemens comme à un homme véritable. Cette figure est de bois, & composée de petites pieces rapportées avec beaucoup d'art & de justesse. L'Eglise de S. George n'est pas loin du Palais, & mérite d'être vûe à cause des tombeaux des Duc de Lorraine qui y ont été ensevelis. On y voit aussi celui de Charles le Hardi Duc de Bourgogne, avec une épitaphe qui roule sur sa défaite auprès de cette Ville.

La Ville neuve n'étoit anciennement qu'un faubourg qui fut fortifié l'an 1587. du tems des guerres d'Allemagne. Aujourd'hui elle est un peu plus grande, & beaucoup plus propre que la vieille. Louis XIII. prit Nancy en 1633. & Louis XIV. son fils en fit razer les fortifications en 1661. Elles furent rétablies en 1673. mais elles furent encore razées en 1698. ensuite du Traité de paix de Riswic. On voyoit autrefois dans cette Ville un canon fort vanté appellé *la Coulevrine de Nancy* : mais du tems que le Roi Louis le Grand étoit maître de la Lorraine, elle fut transportée à Dunkerque.

Jaques Callot Gentilhomme plus connu par son habileté dans le dessein & dans la gravûre, que par sa naissance, étoit né à Nancy l'an 1594. Il avoit le talent d'exprimer avec deux ou trois traits de burin jusqu'à l'humeur & au caractere particulier de chaque figure. *Il avoit encore*, ajoûte M. Perrault, *une adresse singuliere à ramasser en peu de place une infinité de choses, & , si cela se peut dire, le don de créer de l'espace ; car en un pouce d'étendue il faisoit voir distinctement cinq ou six lieues de pays, & une multitude inconcevable de personnages.*

Ce fut auprès de Nancy entre *la Maladerie de Nancy* & *la Neuville*, que le 5. Janvier 1476. René Duc de Lorraine battit & défit l'armée de Charles Duc de

Bourgogne qui assiégeoit Nancy. Le Duc Charles y perdit malheureusement la vie, & le siege fut abandonné avec toutes les munitions de bouche & de guerre. On a élevé en cet endroit une Croix de pierre dont l'inscription Françoise marque que le Duc Charles le Hardi dans le tems qu'il fuyoit, fut tué par un Tailleur qui le perça avec la pointe de ses cizeaux. Leopold I. Duc de Lorraine a établi à Nancy un Parlement pour la Lorraine & le Barrois non mouvant, une Chambre des Comptes &c. L'on compte dans cette Ville jusqu'à 2500. feux, 10 Couvents d'hommes, autant de Filles, deux Hôpitaux & trois Paroisses.

S. Nicolas n'est qu'un Bourg qui s'appelloit anciennement *Port*, *Villa portûs.* Il prit le nom de S. Nicolas à cause des Reliques de ce Saint qu'un Chevalier Lorrain y apporta de Barri en la Pouille dans le Royaume de Naples. Ces Religieux y ont attiré du monde de tous côtez. L'Eglise en est magnifique, & d'une architecture très-délicate & très-hardie. Elle fut commencée en 1495. par Simon Moüycet, mort en 1520. comme le dit son épitaphe en vers François qui est attachée au troisiéme pilier à droite. Cette Eglise fut brûlée par les

Suedois au dernier ſiecle : mais il ne reſte plus que le haut des tours à réparer. Joinville rapporte que le Roi ſaint Louis étant revenu de ſon voyage d'Outremer en 1254. la Reine ſa femme qui dans un danger éminent de naufrage avoit fait vœu d'envoyer une Nef d'argent à l'Egliſe de S. Nicolas en Lorraine, fit faire auſſitôt cette Nef où l'on voyoit la figure de cette Princeſſe au naturel, avec celle du Roi & celle des trois Princes ſes enfans, & que Joinville qui lui avoit ſuggeré ce vœu, porta lui-même cette offrande marchant nuds pieds depuis Joinville juſqu'à S. Nicolas. René de France Duc d'Anjou & de Lorraine, & Roi de Sicile, y donna le riche Reliquaire dans lequel eſt enchaſſé une partie de la main de ce Saint. François I. y fit auſſi un préſent. Henri II. y entendit la Meſſe le 25. Avril 1552. Henri III. y paſſa à ſon voyage de Pologne. Henri IV. Louis XIII. & Louis XIV. ſont venus dans cette Egliſe honorer les Reliques de S. Nicolas. On compte 500. feux dans ce Boug. Il y a un beau Monaſtere de Bénédictins de la Congrégation de S. Vannes ; une Maiſon de Jéſuites, & trois Couvents de Filles.

Luneville eſt une Ville ſituée ſur la

riviere de Vesouze, qui est ancienne, & qui dès le dixiéme siecle avoit le titre de Comté. Leopold I. Duc de Lorraine l'a embellie d'un Palais où il fait souvent son séjour. On y voit une Abbaye de l'Ordre de S. Augustin dont l'Abbé est Régulier. Elle fut fondée par Folmar Comte de Luneville, qui vivoit en 999. Cette Ville fut assiégée & prise par l'armée de Louis XIII. Outre l'Abbaye il y a deux Monasteres d'hommes & deux de Filles.

Blamont est la Capitale du Comté du même nom, & est située sur la riviere de Vesouze. Il y a un Chapitre fondé par Henri IV. Comte de Blamont, & Valburge sa femme, l'an 1382. un Couvent de Capucins, & un de Filles de la Congrégation de Nôtre-Dame. Cette petite Ville a souffert plusieurs sieges. Elle fut inutilement attaquée en 1587. par l'armée des Protestans d'Allemagne. L'an 1636. Clopstein qui en étoit Gouverneur y mit le feu, & se retira dans le Château à l'approche du Duc de Veimar. En 1638. M. de Feuquieres prit le Château, & le brûla.

Sarbourg est une petite Ville qui a quelques fortifications, & où le Roi met ordinairement garnison en tems de guerre.

Phalsbourg, petite Ville avec titre de Principauté, ſituée au pied des montagnes de Voſges proche la riviere de Zinzel. Cette Place appartenoit autrefois au Duc de Lorraine, & c'étoit la premiere de ſes Etats de ce côté-là : mais le Roi l'acheta, & en fit une Place de guerre capable de ſoûtenir un long ſiege; car elle n'eſt dominée d'aucun endroit, & les approches en ſont très-difficiles.

SAVERNE, *Taberna*, que les Allemands appellent *Zabern* & *Elſaſſzabern*, pour la diſtinguer des autres Villes qui portent le nom de Saverne. Cette Ville eſt dans un fond ſur la riviere de Soor, ayant du côté du nord des prairies, au midi & à l'orient des côteaux, & au couchant une montagne fort roide, couverte de bois de haute futaye. Les environs en ſont agréables & fertiles en bled, vin, foin, &c. Cette Ville eſt entourée d'une vieille muraille de différente hauteur & épaiſſeur. La hauteur eſt depuis dix-huit juſqu'à trente pieds, & l'épaiſſeur depuis quatre juſqu'à ſept pieds en quelques endroits; mais en d'autre elle n'eſt que de deux pieds. Saverne n'a qu'une rue, & environ mille trois cens habitans. Il y a un Hôpital, un Couvent de Recolets, un de

Religieuſes, & une Egliſe Collégiale. On voit dans cette derniere un tableau de pierre qui repréſente en demie boſſe *ſaint Arbogaſte* qui voulut par humilité être enterré dans le lieu patibulaire. L'Evêque de Straſbourg eſt Seigneur de Saverne, & y a un très-beau Château qu'Egon de Furſtemberg fit bâtir. Il eſt entouré de foſſez revêtus qui ont ſix ou ſept toiſes de large ſur quinze de profondeur. Au bas de ce Château eſt un grand & beau jardin dont on admire ſurtout les paliſſades de charmille.

STRASBOURG, *Argentoratum*, avoit changé de nom dès le tems de Gréoire de Tours qui l'appelle *Strâteburgum*, c'eſt-à dire Ville ſituée ſur un grand chemin. Cette Ville qui eſt la Capitale de l'Alſace, eſt ſans contredit une des plus conſiderables du Royaume, tant par ſa ſituation & ſon étendue, que par l'importance des fortifications que Louis le Grand y fit faire dès qu'elle fut ſous ſon obéiſſance. La riviere d'Ill la traverſe, & y forme pluſieurs canaux. Le Rhin n'en eſt pas éloigné d'un mille, & la laiſſe à ſa gauche. L'on y entre par ſix différentes portes, ſur deux deſquelles ſont les armes de France & divers ornemens. En général les rues de cette Ville ſont étroites, mais la grande rue, celle du Marché & celle de la petite Boucherie ſont très-belles, grandes, droites & bien percées.

La Ville eſt très-peuplée, & la plûpart des maiſons enferment trois ou quatre familles chacune, quelques-unes même ont juſqu'à quatre ou cinq étages. Les Bourgeois ſont plus curieux de la ſolidité des édifices que des meubles & de l'ajuſtement des dedans, où l'on ne remarque gueres que de la boiſerie & de la menuiſerie aſſez belles. Comme la riviere d'Ill paſſe au travers de Straſbourg avant que de s'aller jetter dans le Rhin, il y a ſix ponts pour la communication des différens quartiers de la Ville. Deux de ces ponts ſont de pierre aſſez bien conſtruits, mais les autres ne ſont que de bois. L'on ne boit à Straſbourg que de l'eau de puits, laquelle vient du Rhin par des ſources ſoûterraines & abondantes. On vante ſa legereté & ſa bonté qui ſont telles qu'elle ne fait jamais de mal, pas même aux étrangers. Tous les puits ſont publics & entretenus aux dépens de la Ville.

Les principaux édifices de Straſbourg ſont bâtis de pierre de taille rouge que l'on tire principalement des abondantes carrieres qui ſont du côté de Saverne, ou de celles qui ſont le long du Rhin. Ces carrieres fourniſſent des pierres dures & ſolides, d'une grandeur ſurprenante. L'on en tire qui ont juſqu'à quatre toiſes de longueur ſur une de large.

L'Hôtel de Ville eſt un grand bâtiment quarré, terminé par deux pavillons avancez qui donnent à cette maiſon un air de grandeur. La façade eſt décorée de peintures & de dorures anciennes, avec quelques inſcriptions en langue Allemande. La cour eſt très-petite, & les bâtimens qui la forment ſont ornez de peintures, & de dorures, & chargez d'inſcriptions comme la façade de la maiſon. Les eſcaliers ſont grands & beaux. Les ſales ſervent aux aſſemblées & aux ſéances du Magiſtrat. Elles ſont grandes, & tout autour regne un banc garni de couſſins verds qui ſervent de ſieges aux Conſeillers. Ces ſales ſont ornées de quelques tableaux parmi leſquels l'on remarque celui du Roi. Audeſſous ſont ceux du Préteur Royal & de l'Ammeſtre Régent.

Le Palais Epiſcopal fait face à une des portes de la Cathédrale, & en eſt ſéparé par une petite Place. La maiſon eſt aſſez commode & logeable. La maiſon de l'Intendant eſt un vieux bâtiment qui n'a rien de remarquable, & dans lequel on a pratiqué depuis peu des appartemens à la Françoiſe.

La Comédie eſt un bâtiment tout neuf qui ſervoit auparavant de magazin des vivres. Le théatre eſt un des plus beaux de l'Europe. La Troupe qui y repréſente tous les jours des Pieces Françoiſes, fournit ordinairement des ſujets aux Comédiens de Paris pour remplacer ceux qui leur manquent.

L'Arſenal eſt un grand & vieux bâtiment où l'on voit beaucoup d'armes, & l'habillement du grand Guſtave Adolphe Roi de Suede. Le jardin eſt aſſez agréable & bien entretenu. Les magazins de la Ville ſont pour le bois, le bled & le vin.

L'Hôpital des Bourgeois eſt une très-belle maiſon où l'on admire un amas fort ſingulier de vin & de grain conſervez avec grand ſoin. On y goûte du vin gardé & enregiſtré ſur les Regiſtres de la Ville depuis plus d'un ſiecle. On y conſerve auſſi des grains depuis près de cent quarante ans, & dont on fait quelquefois du pain pour en faire goûter par curioſité à des perſonnes de diſtinction.

L'Hôpital François eſt pour les ſoldats, & ce bâtiment eſt digne de la piété & de la magnificence de Louis le Grand. C'est un des plus beaux Hôpitaux du Royaume.

Les Boucheries de la Ville sont belles. La grande est une espece de halle couverte. La petite forme le long du canal un rang de bâtimens qui sont d'une même symétrie, & qui font un assez bel effet.

Les Eglises ne sont pas en grand nombre à Strasbourg où l'on ne compte que six paroisses & six Couvents, trois pour hommes & autant pour des Filles. Les Paroisses sont S. Laurent ou la Cathédrale, S. Pierre le Vieil, S. Pierre le Jeune, S. Etienne, S. Louis & S. Marc.

L'Eglise Cathédrale est sous l'invocation de Nôtre-Dame, & passe pour une des plus belles qu'il y ait. L'on prétend que Clovis la fit rebâtir après qu'elle eut été détruite par les Payens. L'an 769. Pepin commença à faire bâtir le Chœur qui ne fut achevé que sous Charlemagne son fils. Cette Eglise après avoir essuyé différens accidens, fut enfin brûlée par Ermand II. Duc de Suabe en 1003. Ce Duc s'étant soulevé contre l'Empereur Henri II. prit d'assaut la Ville de Strasbourg, mais il trouva tant de résistance en ceux qui s'étoient retranchez dans l'Eglise, qu'il ne put s'en rendre maître qu'en y faisant mettre le feu qui consuma cet édifice, à la réserve du Chœur qui subsiste encore aujourd'hui. Vernerus Evêque de cette Ville entreprit de rétablir son Eglise, en fit jetter les fondemens en 1015. & employa à ce somptueux édifice les quatorze dernieres années de sa vie. Ses successeurs continuerent cet ouvrage; mais contens d'avoir mis la Nef dans sa perfection, ils differerent de construire *la Tour* jusqu'en 1229. & ce surprenant ouvrage ne fut même achevé qu'en 1449. C'est la plus haute Pyramide de l'Europe; car elle a cinq cens soixante quatorze pieds de haut. *L'horloge* qui est dans cette Eglise passe pour un chef d'œuvre d'astronomie & de mécanique. On dit à Strasbourg que celle de l'Eglise de S. Jean de Lion est la plus belle de l'Europe, mais que la leur n'a pas sa pareille au monde pour la varieté & la curiosité de ses mouvemens, dont la plûpart se sont ou arrêtez ou détraquez, en sorte qu'il n'y a aujourd'hui que la moindre partie qui agisse. Cette machine peut être distinguée en trois parties. Celle qui sert de base aux deux autres est composée de trois tableaux dont les deux qui sont aux extrémitez sont quarrez. Celui qui est au milieu est rond, & a trois cercles l'un dans l'autre, deux mobiles & un fixe. Le prémier de ces cercles a dix pieds de diamêtre dans son entiere largeur, se meut de la gauche à la droite une fois l'année, & en marque les mois & les jours. Le second est dans celui-là, & a neuf pieds de diamêtre. Il se meut de la droite à la gauche aussi en un an, marquant les jours de vigiles & de fêtes, ce qu'il a dû faire pendant un siecle; mais il est présentement arrêté. Le troisiéme est au milieu de ces deux-là, & n'est que pour l'ornement, représentant l'Allemagne & la Ville de Strasbourg: c'est pourquoi il est fixe. Au bas du tableau est un Pélican qui porte un globe sur ses aîles, & sur ce globe sont le soleil & la lune qui font le tour du Zodiaque en vingt-quatre heures. Les deux tableaux quarrez qui sont aux côtez de celui-ci, ont servi à marquer les éclipses de soleil & de lune; mais ils ne vont plus. Au second ordre, ou étage est un grand rondeau au milieu duquel est un Astrolabe qui marque le cours du Ciel: les quatre Saisons sont peintes à l'entour. Il y a aussi un cadran qui marque les heures & les minutes, & audessous les ſept jours de la ſemaine figurez par les ſept Planettes qui paſſent en chariot. On y voit encore un viſage de Lune qui fait paroître ſes phaſes & qui en marque l'âge. Le troiſiéme ordre ou la partie ſupérieure de cette horloge eſt remarquable par le jeu des figures pour l'exécution de la ſonnerie. Les quatre âges de l'homme repréſentez par des figures qui leur conviennent, paſſent & ſonnent les quarts d'heures ſur de petites cloches. Enſuite la Mort vient chaſſée par un Chriſt reſſuſcité, qui lui permet néanmoins de ſonner l'heure, afin qu'on ſe ſouvienne de la néceſſité de mourir. Au côté droit de cette horloge eſt une arche qui ſert à enfermer les poids. Cette arche eſt terminée au ſommet par un coq de métail qui allonge le col, bat des aîles, & chante avant que l'heure ſonne. Vers le bas on voit dans un cadre le portrait du fameux Nicolas Copernic, qui ſelon Thomas Corneille, eſt l'Auteur de cette horloge qui fut achevée en 1573. mais comment Copernic peut-il être l'Auteur de ce bel ouvrage, puiſque ce Philoſophe étoit mort dès l'an 1543. Auſſi n'ai-je lû cette particularité que dans le Dictionnaire de Corneille Le Chapitre de cette Egliſe eſt un des plus nobles qu'il y ait au monde. Pour y être reçû Chanoine, il faut faire preuve de huit quartiers de haute noblesse du côté paternel, & d'autant du côté maternel. Les mots de haute noblesse excluent les simples Gentils-hommes, & éxigent une extraction de Princes ou de Comtes de l'Empire pour les Allemans; & de Princes, Ducs & Pairs ou Marêchaux de France pour les François. Ce Chapitre est composé de douze Chanoines Capitulaires & de douze Chanoines Domiciliés. *Les Capitulaires* sont ceux qui ont entrée & voix déliberative au Chapitre. Le revenu de leurs Canonicats est année commune d'environ six mille livres. *Les Domiciliers* n'entrent point au Chapitre, mais ils parviennent par ancienneté aux places de Capitulaires à mesure qu'elles deviennent vacantes. On leur accorde le quart du revenu des Canonicats. Il n'y a aucune différence entre l'hábit de Chœur de ces Chanoines. Ils portent les uns & les autres sous le surplis une soûtane de velours rouge doublée d'hermine, & enrichie de boutons & boutonnieres d'or. Le grand Prévôt, le grand Doyen, le Custode, l'Ecolâtre & le Camerier sont les cinq Dignitaires de ce Chapitre. L'Evêché de Strasbourg est un des plus riches de la Chrétienté,

& vaut environ trois cens mille livres.

L'on compte dans cette Ville environ trois mille deux cens maisons, quatre mille trois cens familles, & vingt-huit mille habitans.

Par rapport aux fortifications, cette Place consiste en une enceinte fort irréguliere de figure presque triangulaire. On la distingue en deux différentes parties, l'ancienne & la nouvelle. L'ancienne a été réparée par le Maréchal de Vauban, & la nouvelle a été construite selon la méthode de ce grand homme. La vieille enceinte, comme aussi une partie de la nouvelle, sont entourées d'une fausse braye qui est une seconde enceinte au rez de chaussée. Pour entrer dans un plus grand détail, parcourons tous les fronts de cette Place. Le front qui est à l'occident est bâti sur le rideau de la grande plaine, & a de bons bastions revêtus de gazon depuis le rez de chaussée de la fausse braye qui est au pied, laquelle est revêtue de maçonnerie avec un très-bon fossé aussi revêtu. Outre cela ce front est défendu par des demi-lunes & contre-gardes de maçonnerie supérieures au terrein de la campagne par un bon chemin couvert, & par de bons glacis soumis au feu des pieces qui sont derriere. Le front du midi, outre sa fortification qui est de la même qualité que celle du front précédent, doit être regardé comme ne pouvant être insulté, parce qu'en cas d'attaque on peut inonder tous le pays entre le Rhin, la riviere d'Ill, & la Place, à plus de quinze ou seize cens toises de distance, de maniere que personne n'y puisse passer. Cette inondation se peut faire facilement par le moyen d'une grande écluse qui est dans la Ville à l'entrée de la riviere d'Ill & de celle de la Brusch. Cette écluse est un ouvrage qu'on ne peut trop estimer, & par le moyen duquel on peut faire faire aux eaux des mouvemens surprenans. Le front du nord est fortifié de la même maniere que le reste de la Place, ayant même revêtement & même construction. Il a outre cela un grand ouvrage à corne qui est entierement revêtu de maçonnerie. Le terrein est d'ailleurs fort soumis à la fortification; & par le mouvement des eaux dont je viens de parler, on peut rendre l'attaque de ce côté-ci très-difficile pour ne pas dire impossible. Le front du côté du levant est défendu par la Citadelle qui est un pentagonne régulier construit à la maniere du Maréchal de Vauban. Elle est composée de cinq bastions, comme je viens de le dire, & d'autant de demi-lunes. Le bastion du côté du Rhin est couvert par un grand ouvrage à corne, à la tête duquel est une demi-lune; le tout bien revêtu, & entouré d'un fossé plein d'eau, dans lequel on peut jetter toute la riviere d'Ill par le moyen de l'écluse dont j'ai parlé, & d'un chemin couvert qui communiquent l'un & l'autre à ceux de la Place. Dans l'avant-fossé, au delà du glacis, & à la tête de l'ouvrage à corne sont placées trois redoutes qui forment une espece d'ouvrage à couronne, le tout enveloppé d'un fossé & d'un chemin couvert.

Le Pont de Strasbourg sur le Rhin est d'une longueur extraordinaire, & a bien un quart de lieue. Il est de bois, regne sur plusieurs Isles du Rhin, dans quelques-unes desquelles on avoit construit de petits Forts, qui en conséquence de l'article VI. du Traité de Paix conclu à Baden le 7. de Septembre de l'an 1714. ont été entierement razez.

Les dehors de cette Ville sont fort agréables, & embellis par un grand nombre de maisons de campagne où l'on trouve de belles promenades. Celle que l'on appelle *l'Arbre verd*, est singuliere en ce que l'on peut placer audessous de cet arbre plus de vingt tables à quatre couverts chacune. Plus de cent personnes peuvent y être commodément, & y danser même en rond à la maniere du pays.

La route de la poste est fort différente de celle ci-dessus ; la voici. Bondi, poste. Vertgalant, p. Claye, p. Meaux, 2. p. S. Jean, p. La Ferté, p. Nanteuil sur Marne, p. Chezi, 2. p. Châteauthierri, p. Parroy, p. Dormans, p. Portabinson, p. La Cave ; p. Epernay ; p. Plivaux, p. Jalons, p. Mastogne, p. Châlons, p. Nôtre-Dame de l'Epine, p. Bellay, p. & d. Orbeval, p. & d. Sainte Menehould, p. Iselettes, p. Clermont, p. Dombale, p. Verdun, p. & d. La Manheule, 2. p. Harville, p. Marslatour, p. La Gravelotte, p. Mets, p. & d. Solgne, 2. p. & d. Donjeu, 2. p. Viç, 2. p. Donnelay, p. & d. Hasondange, p. & d. Heming, p. & d. Sarebourg, p. Hommartin, p. Phalzbourg, p. Saverne, p. & d. Wilden, p. & d. Stissen, p. Strasbourg, p. & d.

· METS, en Latin *Divodurum Mediomatricorum*, *Divodurum*, *Divodorum*, *Mediomatrici*, *Civitas Mediomatricorum*, *Civitas Mediomatricûm* par contraction du genitif de *Mediomatrices* au nominatif pluriel, dont Cesar & Ptolemée se sont servis. Quelques Historiens qui n'ont pas pris garde que *Mediomatricum* étoit le genitif de *Mediomatrices*, en ont fait un nominatif singulier du genre neutre, & ont appellé cette Ville *Mediomatricum. Mettis*, *Metis*, selon Paul Diacre, qui a cru mal à propos qu'elle avoit pris ce nom d'un Romain appellé *Metis*. Cette Ville est située au confluent de la Seille & de la Moselle, & a plusieurs sources ou fontaines dans un de ses fossés. C'est peut-être à cause de ces fontaines qu'elle à été nommée *Divodurum*, c'est-à-dire *Eau de Fontaine*; car selon M. de Valois, *Diu* en langue gauloise signifie une *Fontaine*, & *Dur* de l'*Eau*. Blondel a prétendu au contraire que *Diu* en langue gauloise signifioit *Dieu*, & que *Divodurum* vouloit dire *Eau divine*. Il n'y a gueres plus de deux cens ans que la Ville de Mets étoit trois fois plus grande qu'elle n'est à présent. Le séjour que les Romains y ont fait ne permet pas de douter qu'il y eut un Amphiteatre; & aussi en est-il fait mention dans un ancien manuscrit qui est gardé dans l'Abbaye de Saint-Symphorien, & qui contient la vie de saint Clement. Il y avoit aussi un Palais du tems des Romains, qui dans la ſuite ſervit de demeure aux Rois d'Auſtraſie pendant environ cent ſoixante & dix ans. Gregoire de Tours parle de ce Palais dans ſon huitiéme livre de ſon Hiſtoire, chapitre trente ſix. Quoique cette Ville ait été autrefois beaucoup plus étendue qu'elle n'eſt, elle eſt néanmoins aujourd'hui une des plus belles & des plus agréables de la France. Elle eſt entre Toul, Verdun & Treves. Son enceinte eſt de deux mille cinq cens toiſes, ſes rues ſont étroites, & les maiſons antiques & à creneaux pour la plûpart. Elle eſt diviſée en ſeize Paroiſſes, & renferme environ vingt-deux mille habitans. La Moſelle environne la Ville de Mets du côté du Couchant & du Nord. Une digue de pierre qui a cent ſoixante toiſes de long ſur ſept ou huit de large, détourne le cours de cette riviere, & la partage en deux canaux, dont l'un baigne les murailles de Mets, & l'autre entre dans la Ville. Cette digue a ſept ou huit pieds de haut, & l'eau de la riviere qui paſſe pardeſſus, forme dans toute la longueur de la digue une nape ou chûte d'eau qui plaît infiniment à la vûe. Cet ouvrage coûte beaucoup à entretenir; car les glaces & les débordemens obligent tous les ans d'y faire de nouvelles réparations. La Seille environne la Ville de Mets du côté du

Midi & au Levant, & se partage en deux pour laver ses murailles. Le fossé qui est du côté de la campagne, a plusieurs sources d'eau vive. L'Eglise Cathédrale est une des plus belles qu'on puisse voir, mais est mal située sur le penchant d'une colline. On y remarque une cuve de Porphyre d'une seule piéce, & qui sert de fonts baptismaux. Dans le Chœur est un vieux tableau que le Roi Henry II. y fit mettre, lorsqu'il prit la ville de Mets sous sa protection. Sur ce tableau l'on voit la premiere lettre du nom de ce Prince, environnée de croissans & de fleurs de lys. Audessous on lit cette inscription, *Henricus secundus, Francorum Rex, sancti Imperii protector.* Plus bas est un croissant, & ces mots, *dum totum compleat orbem.* Les curieux verront le tombeau de Louis le Débonnaire dans l'Eglise de saint Arnoul, comme aussi l'original manuscrit *des Annales de Metz*, que l'on garde dans les archives de cette Abbaye; ce manuscrit est un extrait des Annales de France, & a été composé par un Auteur anonyme qui vivoit encore en l'année 894. Le quartier des Juifs est remarquable par le commerce qu'ils y font, & par leur Synagogue.

Cette Ville est entourée de fortifications antiques & irrégulieres, contre les quelles les forces & la gloire de l'Empereur Charles-quint vinrent échouer l'an 1552. Ces fortifications ont été depuis enfermées par quinze bastions, dont quatre de la Citadelle, & par d'autres ouvrages modernes. On y remarque sur tout deux grands ouvrages à corne. Celui de Saint Thibaud est près de la Citadelle ; & l'autre appellé de *Chambry*, est à l'extrémité de la ville. Au bas de la riviere est un grand retranchement composé de deux demi-bastions, & d'une grande courtine de la façon du Chevalier de Ville. Le Marêchal de Vauban a couvert le front de ce retranchement d'une grande demi-lune. Ce front & cette demi-lune sont entourez d'un fossé, & d'un chemin couvert avec son glacis.

La Citadelle fut commencée dès l'an 1553. & la profondeur de ses fossez, la beauté de la construction, & la dépense qu'on y fit, font voir combien on estimoit cette Place importante. Elle est à une des extrémitez de la ville. C'est un quarré long assez régulier, fortifié de quatre bastions suivant la méthode du Chevalier de Ville. Le Marêchal de Vauban a couvert le front du côté de la campagne d'un grand ouvrage à corne retranché d'une demi-lune. Le côté de la Ville a une demi-lune pour couvrir la porte. Un des longs côtez de cette Citadelle qui est sur le bord de la riviere, est fermé par la vieille muraille à laquelle on a laissé ses tours. Le tout est entouré, tant du côté de la ville que de celui de la campagne, d'un fossé & d'un chemin couvert avec son glacis. Cette ville a produit un homme fort distingué par la gloire des armes, c'est Abraham Fabert Marêchal de France, & Gouverneur de Sedan. Il étoit né à Mets vers l'an 1599. & mourut à Sedan le 17. de May de l'an 1662.

Les curieux d'Antiquitez verront avec plaisir à Jouy aux Arches à deux lieues de Mets, les restes d'un *aqueduc* que les Romains y avoient fait construire pour porter les eaux de Gorze dans cette Ville. On prétend que cet ouvrage avoit plus de deux cens arcades, dont il ne reste plus que quelques-unes sur le penchant de deux montagnes; car celles qui étoient dans le vallon de la Moselle ont été entierement détruites par le tems, & par le débordement de la riviere.

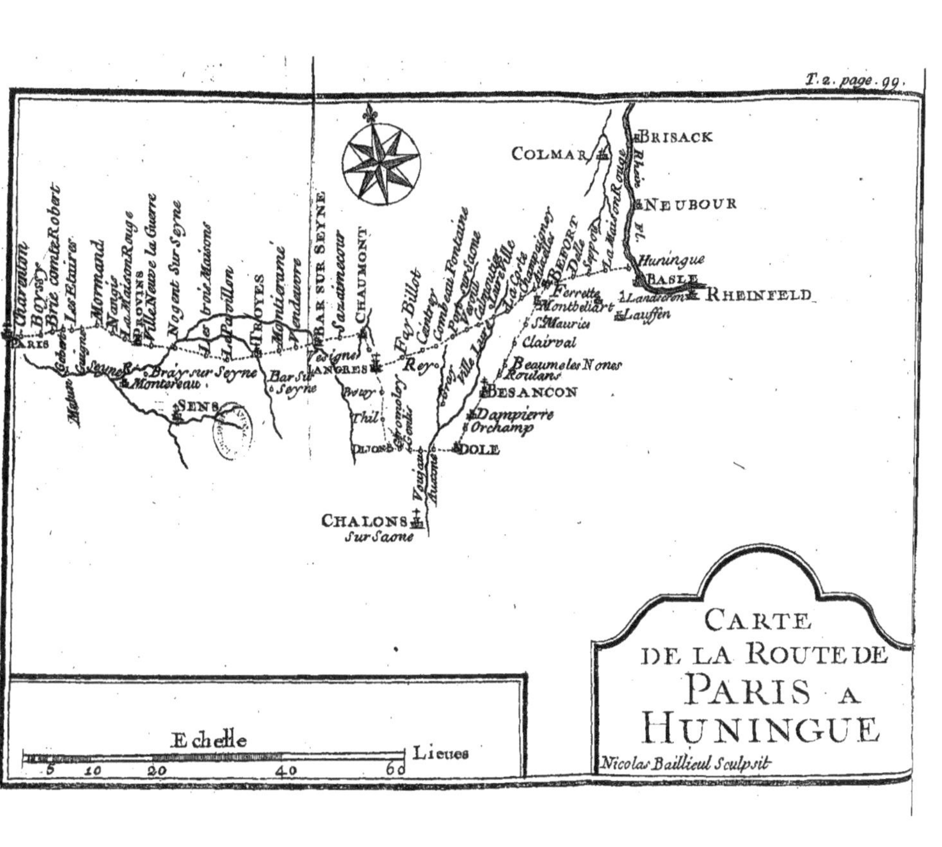
T. 2. page. 99.
CARTE
DE LA ROUTE DE
PARIS A
HUNINGUE
Nicolas Baillieul Sculpsit
Echelle
Lieues
5 10 20 40 60
COLMAR
BRISACK
NEUBOUR
Huningue
BASLE
RHEINFELD
Lauffen
BEFORT
Delle
Ferrette
Montbeliart
Clairval
Beaume les Nones
Roulans
BESANCON
Dampierre
Orchamp
DOLE
DIJON
CHALONS
Sur Saone
Auxone
Thil
LANGRES
Vesignes
CHAUMONT
BAR SUR SEYNE
Bar Sur Seyne
Fay Billot
Rey
TROYES
Les trois Maisons
Le Pavillon
Nogent Sur Seyne
Ville Neuve la Guerre
PROVINS
La Maison Rouge
Nangis
Mormand
Les Etaires
Brie comte Robert
Boyssy
Charenton
PARIS
Melun
Seyne R.
Bray sur Seyne
Montereau
SENS
Rhein Fl.

Voyage de Paris à Huningue.

L'*On va de Paris à Langres ; mais ici commencent deux routes très-différentes, l'une par Port sur Saône & par Vezoul qui est la plus courte, & par conséquent la plus ordinaire ; & l'autre par Dijon, Besançon, Montbeliart, &c. qui est très-détournée, & qui est véritablement ce que le Proverbe appelle* le chemin de l'Ecole.

Charenton.	2. l.
Gros Bois.	3. l.
Brie-Comte-Robert.	2. l.
Guignes.	3. l.
Mormans.	2. l.
Nangis.	3. l.
La Maison-Rouge.	2. l.
Provins.	2. l.

CHARENTON, *Carento*, *Carentonium*, est un gros Bourg avec un pont sur la riviere de Marne. Il en est parlé dans les Annales de S. Bertin sur l'an 865. Ce lieu étoit comme la Métropole des Calvinistes de France. Ils y avoient un Temple superbe qui avoit été élevé ſur les deſſeins de Jaques de Broſſe excellent Architecte, & qui fut renverſé en conſéquence de la révocation de l'Edit de Nantes en 1685. L'on a bâti en ſa place un Couvent de Filles du S. Sacrement dont l'Egliſe fut achevée en 1703.

BRIE-COMTE-ROBERT, *Braya Comitis Roberti*, eſt une petite Ville ou un gros Bourg ſur la riviere d'Iere, qui a pris ſon nom de ſa ſituation dans un terrein boueux; car *Braye* en Gaulois ſignifie *de la boue, une terre graſſe.* Cette Seigneurie ne portoit anciennement que le nom de Braye; mais dans la ſuite on y ajoûta celui de Robert de France Comte de Dreux ſon fondateur. L'on remarque ici l'Egliſe Paroiſſiale qui a une tour aſſez haute, & un Couvent de Minimes.

PROVINS, *Pruvinum*, *Provinum*, *Provignum Caſtrum*, ſur le Durtin, & la Vouſie, eſt une Ville fort ancienne de laquelle il eſt fait mention dans les Chroniques & dans les vieux Cartulaires. Elle a appartenu à nos Rois juſqu'à ce que les Comtés devinrent héréditaires. Pour lors Provins fut uſurpé par ſes Comtes dont il y eut deux races; la premiere de l'ancienne Maiſon de Vermandois, & l'autre de la Maiſon de Blois &

de Chartres. Les uns ou les autres ont possédé ce Comté pendant trois cens vingt ans, après lesquels il fut réuni à la Couronne. Ces Comtes accorderent de grands Privileges à cette Ville & y fonderent plusieurs Eglises & Monasteres. L'on voit plusieurs monoyes des descendans de Charlemagne fabriquées à Provins, & lesquelles ont cette légende *Castis Pruvinis*, ou celle-ci *Pruvino.* Dans les Ecrivains, & dans les titres du commencement & du milieu de la troisiéme race, il est souvent fait mention *des sols & des livres* de Provins. Cette Ville ne consista d'abord que dans la Ville haute, qui étoit une Place forte : mais les Comtes héréditaires l'augmenterent de la Ville basse. Dans les derniers siecles Provins fut assiégée par les Calvinistes qui furent obligez de lever le siege.

Nogent sur Seine.	4. l.
Les trois Maisons.	5. l.
Le Pavillon.	3. l.
Troyes.	4. l.
Montieramé.	4. l.
Vandeuvre.	3. l.
Bar-sur-Aube.	4. l.
Sazaimecourt.	4. l.
Chaumont.	3. l.

Vesigne.	3. l.
Langres.	3. l.
Les Griffonotes.	3. l.
Fay le Billot.	2. l.
Saintrey.	3. l.
Combeaufontaine.	2. l.
Port sur Saone.	2. l.
Vesoul.	2. l.
Colmotier.	2. l.
Lure.	3. l.
Ronchamps.	2. l.
Frayet.	2. l.
Betfort.	2. l.
Chavanne.	3. l.
Alkirk.	3. l.
Les trois Maisons.	3. l.
Huningue.	3. l.

NOGENT-SUR-SEINE, *Novigentum ad Sequanam*, au bas d'une côte sur la riviere de Seine. Cette petite Ville relevoit autrefois de l'Abbé de S. Denis, & fut comprise dans le Douaire d'Elizabeth de Baviere.

TROYES, *Urbs Tricassina*, *Urbs Trecassina*, *Trecæ*, *Trecassis*, *Augusta Trecassinorum*, *Augusta Trecarum*, *Augusta Trecorum*. Cette Ville est sur la Seine, & la Capitale de la Champagne. Les Etymologistes fondez sur la tradition, disent qu'elle a été nommé *Trecæ*, comme qui diroit *Tres arces*, parce qu'il y avoit autrefois trois Châteaux, dont on voit encore les vestiges. Le plus considerable étoit celui où les Comtes de Champagne faisoient leur demeure, & où l'on rend aujourd'hui la Justice. L'Eglise de S. Etienne qui y est jointe en étoit la Sainte-Chapelle. Le second de ces Châteaux est presque entierement ruiné, & l'on n'en voit plus qu'un reste de tour & quelques murailles qui sont derriere le Couvent des Cordeliers. L'Eglise autrefois appellée de S. Jean le Châtel, & Befroy aujourd'hui de S. Blaise, servoit de Chapelle à ce Château. Le troisiéme enfin étoit entre l'Eglise de S. Nicolas & la porte du Befroy. Ce troisiéme Château fut ruiné par un incendie arrivé en l'an mil cinq cens vingt-quatre.

Troyes étoit autrefois la Ville du Royaume la plus marchande. On y a compté jusqu'à cinquante ou soixante mille ames; mais elle est aujourd'hui si différente d'elle-même, qu'il n'y en reste pas quinze mille.

Le College est occupé par des Prêtres de l'Oratoire, & le Séminaire par des Prêtres de la Congrégation de la Mission de S. Lazare.

L'Eglise Cathédrale est une des plus

belles du Royaume, & des plus riches pour les ornemens & les Reliques qu'on y conserve. Nicolas *Camusat* qui en étoit Chanoine, & qui a mérité de la République des Lettres, fut inhumé dans l'Eglise Paroissiale de S. *Frobert*, où l'on voit son Tombeau, & son Epitaphe. Il mourut le 20. de Janvier de l'an 1655. âgé de quatre-vingt ans.

L'Eglise Collégiale de S. Urbain a été fondée, ainsi que je l'ai dit, par le Pape Urbain IV. qui s'appelloit *Jaques Pantaleon*, & étoit né à Troyes dans la Paroisse de *Nôtre-Dame aux Nonains*. Comme il étoit fils d'un Cordonnier, on a vû pendant fort longtems sur le tapis de la Chaire du Prédicateur de cette Eglise des marques de sa naissance; car il représentoit un Cordonnier travaillant de son métier.

L'Eglise Collégiale de S. Etienne est magnifique. Le tombeau du Comte Henry qui en est le fondateur, est au milieu du Chœur. Les quatre figures qui sont au Jubé sont estimées des connoisseurs. Le Trésor n'a pas son pareil pour l'or & les pierreries qui y sont. Cette Eglise possede aussi un grand nombre de manuscrits.

Le Maître-Autel de l'Eglise de saint Loup est d'une parure superbe, lorsqu'on découvre les châsses de S. Loup, de S. Cornelien, de S. Winebaud, &c. Le chef de S. Loup est d'une grandeur & d'une magnificence étonnantes. Parmi les pierreries dont il est enrichi, on voit un rubis qu'on estime plus de vingt mille livres.

Le Couvent des Dominicains a été fondé par Thibaud IV. Comte de Champagne l'an 1232. L'on voit à l'entrée de leur Eglise une statue de S. Dominique qui est très-estimée. Les stales du Chœur sont d'une beauté & d'une délicatesse admirables. Les vitres de la Bibliotheque attirent aussi les regards des Curieux. Dans l'Eglise de S. Pantaleon on admire plusieurs statues qui sont de François Gentil, & des chefs-d'œuvres de l'art. L'on y voit aussi de fort beaux tableaux & des vitres si belles, qu'on dit que le Cardinal de Richelieu offrit de donner dix-huit mille livres de celles du fond seulement.

Dans l'Eglise de S. Nicolas il y a un sépulchre qui est fait sur la forme & avec les dimensions de celui de Jerusalem où l'on dit que le Sculpteur fit exprès deux voyages.

L'on conserve plusieurs beaux manuscrits dans la Bibliotheque des PP. de l'Oratoire. Les lettres d'Abeillard, celles du Pape Clement IV. & un Horace qu'on dit avoir près de huit cens ans d'antiquité, sont de ce nombre.

Le Comte Thibaud IV. fonda l'an 1237. un Couvent de Cordeliers hors de la Ville auprès de la porte qu'on nommoit autrefois *la Porte de César*, & qu'on appelle aujourd'hui *Comporte*. Environ vingt ans après, ce même Prince leur en fit bâtir une autre dans la Ville, & donna en 1260. celui que les Cordeliers avoient d'abord occupé, aux Religieux de la Rédemption des Captifs. L'on trouve dans ce Couvent de Cordeliers une très-belle Bibliotheque, tant pour le vaisseau que pour les livres dont il est rempli. Cette Bibliotheque est publique, & ouverte trois fois la semaine à tous ceux qui veulent y aller lire, ou étudier.

L'Hôtel de Ville est un bâtiment assez considerable. C'est un grand corps de logis qui a deux aîles en retour. La statue de marbre blanc qui est sur la porte représente Louis le Grand terrassant une Hydre qui est le symbole de l'hérésie. C'est un présent & un des chefs-d'œuvres de feu Girardon.

L'on remarque à Troyes une chose fort singuliere, c'est qu'on ne voit point de mouches dans la Boucherie de cette

Ville, quoiqu'elle soit fort grande, & qu'aux environs il y en ait dans la saison une grande quantité comme par tout ailleurs.

Troyes a été la patrie de *Jean Passerat*, de *Nicolas Caussin* Jésuite, de *Pierre Pithou*, de *François Pithou* son frere, d'*Edmond Merille* mort Professeur de Droit à Bourges, l'an 1647. âgé de soixante-huit ans; de *Charles le Cointe* Prêtre de l'Oratoire & Auteur des Annales Ecclésiastiques de France, de *Pierre Mignard* mort premier Peintre du Roi le 30. de May 1695. de *François Girardon* Sculpteur comparable aux plus habiles de l'antiquité, & de feu *M. le Noble* connu par un grand nombre d'Ouvrages.

BAR-SUR-AUBE, *Barrum ad Albam* est une petite Ville fort ancienne qui porte le titre de Comté, & qui a pris son nom de sa situation sur la riviere d'Aube; car *Barrum* en Gaulois signifie *un Port*. Cette Ville étoit autrefois très-considerable. Il s'y tenoit quatre Foires franches par an, ausquelles se trouvoient des Marchands de toutes sortes de pays. Ils avoient dans la Ville des quartiers séparez; Hollandois, Allemands, Lorrains, & même ceux de la Principauté d'Orange. Les Juifs y avoient une Synagogue. On voit ſur une montagne proche de la Ville des reſtes d'un Château qu'on dit avoir été ruiné par les Vandales. Sur le ſommet de cette montagne eſt un endroit très-eſcarpé qu'on nomme *le Châtelet*. On prétend que ce ſont les ruines d'une ancienne Ville nommée *Florence*; & cela paroît d'autant plus vraiſemblable que ces ruines ont trop d'étendue pour être les débris d'un ſimple Château. Sous les deux premieres races de nos Rois, cette Ville étoit du domaine de la Couronne; mais au commencement de la troiſiéme elle eut ſes Comtes particuliers. Elle fut enſuite réunie à la Couronne avec le reſte de la Champagne. Le Roi Philippe le Long l'ayant vendue, les habitans la racheterent afin de lui conſerver le titre de Ville Royale; & elle fut réunie à la Couronne avec cette condition homologuée à la Chambre des Comtes, *que les Rois de France ne la pourroient plus vendre ni aliener.*

Chaumont en Baſſigni eſt une petite Ville bâtie ſur une montagne au pied de laquelle paſſe la riviere de Marne. Ce n'étoit autrefois qu'un Bourg avec un Château appellé *Hautefeuille*, qui appartenoit à des Seigneurs de ce même nom. De la Maiſon d'Hautefeuille cette Seigneurie paſſa aux Comtes de Champagne, & nous trouvons qu'en 1130. & 1151. Thibaud & Henry Comtes de Champagne lui accorderent quelques privileges qui furent confirmez par Philippe le Bel en l'an mil deux cens quatre-vingt-douze, & par Philippe de Valois en 1338. Le Roi Louis XII. la fit entourer de murailles en 1500. & François I. & Henry II. y ajoûterent quelques bastions avec leurs courtines & un fossé assez large; mais le tout est presque ruiné. Le Château dont relevent environ dix-huit cens fiefs, sert aujourd'hui aux séances des Officiers du Baillage & Siege Présidial.

LENGRES OU LANGRES, *Andomatunum*, *Andemantunnum*, *Antematunnum*, *Lingones*, *Civitas Lingonûm*, est située sur une montagne aux confins des deux Bourgognes. Les Lingons étoient des peuples fort vaillans, dont les anciens Auteurs ont parlé avec éloge. Ils furent des premiers dans les Gaules à prendre le parti des Romains, & refuserent de se trouver à l'Assemblée générale qui fut tenue par *Vercingentorix*. Les Empereurs Romains les considererent infiniment, & Othon leur accorda le droit de Bourgeoisie Romaine.

La Ville de Lengres fut prise par les Wandales qui y commirent de grands desordres, & firent mourir S. Didier troisiéme Évêque de cette Ville l'an 406. ou 407. ou même 408. selon Fauchet. Les Wandales ayant quitté ce pays, les Lengrois épars commencerent à se rassembler; & ayant reçûs les Bourguignons, ils rebâtirent vers l'an 411. les quartiers de la Ville de Lengres appellez *de Longe-porte & du Marché*, & les fermerent d'une enceinte de grosse pierres tirées des mazures des maisons que les Barbares avoient ruinées. Ces especes de murailles commençoient, à ce qu'on croit, du côté de *Longe-porte* jusqu'à la porte de S. Didier, & de là traversoient droit jusqu'à la porte de Sousmur, & d'ici continuoient jusqu'à *la Longe-porte*. Cette Ville fut encore prise l'an 468. par Attila Roi des Huns. L'an 887. l'Evêque Geylon fit bâtir par ordre de Charles le Gros les murs qu'on nommoit *les murailles de la Cité*. Le Roi donna la Place de *Chambeau* & quelques fauxbourgs qui lui appartenoient; mais les murailles furent bâties aux dépens des habitans, ainsi qu'il paroît par les Lettres Patentes données l'an 1360. au mois de Juillet par Charles Duc de Normandie Régent en France, confirmées par autres Patentes du Roi Jean, données au mois d'Octobre de la même année, qui portent *que les habitans ont fait à leurs frais bâtir, guériter, & emparer la Ville de murailles, forteresses, & artilleries nécessaires & propres à la défense d'icelle.* Ces murailles du côté qui regarde Montsaujon, étoient percées de quatres portes, dont l'une étoit nommée *la porte d'enfer sur choue*, la seconde de *Chalindrey* ou *de la Perriere*; la troisiéme de *Lambert Payen*; & la quatriéme de *Champbeau.* Elles furent démolies l'an 1610. & 1611.

Lengres n'eut pendant longtems que les murailles de la Cité & celles qui fermoient les quartiers du marché & de Longe-porte; de sorte que le quartier des moulins à vent étoit un faubourg sans clôture, & les Eglises de S. Amatre & de S. Martin étoient hors des murs de la Ville; mais l'an 1362. sous le Roi Jean on fit clorre ce faubourg de murailles pour la mettre en état de défense contre les Anglois, comme on l'apprenoit d'une Inscription qui étoit sur la muraille d'une petite tour située entre le bastion de la porte des moulins à vent & de S. Forgeul, laquelle Inscription étoit conçue en ces termes :

L'an mil trois cens deux & soixante
L'on fit la muraille présente,

Pour la doutance de la guerre
Du Roi de France, & d'Angletere.

Ces remparts étoient bons pour ce tems-là ; mais après l'invention de la poudre & l'usage de l'artillerie, il fut nécessaire de les fortifier de tours & de bastions. Louis XI. en 1471. ou 1472. fit bâtir la *Tour S. Forgeul*, pour défendre le flanc & la courtine des murailles d'entre ladite tour & le faubourg de Sous-mur. En l'an 1519. François I. ordonna de fortifier ces dernieres murailles d'un bastion pour couvrir & défendre la porte des moulins à vent & la tour de Navarre ou d'Orval. Cette tour portoit ce dernier nom, parce qu'elle avoit été bâtie pendant que Jean d'Albret Comte d'Orval étoit Gouverneur de Champagne & de Brie. Dès que ces fortifications furent finies, on fit des fossez à fond de cuve, depuis ladite tour d'Orval jusqu'à la porte des moulins à vent. L'an 1538. le même François I. ordonna au Duc de Guise, Gouverneur de Champagne & de Brie, de bâtir du côté du couchant une tour qu'on appelle *la Tour du petit Sault*. Celle qu'on nomme *la Tour piquante* fut construite en 1569. Les guerres de Religion furent cause qu'on bâtit en 1573. la tour du marché ; &

l'an 1588. on éleva le bastion de Longe-porte. Le tems qui détruit tout, & la maniere dont on attaque aujourd'hui les Places, font regarder Lengres comme une Ville presque sans défense : cependant comme la France n'est défendue de ce côté-là que par Betfort, il semble qu'il seroit très-à-propos de fortifier cette Ville.

L'Eglise Cathédrale est ancienne & grande, mais fort sombre. Elle est dédiée à S. Mammés, & son Trésor est assez curieux. Cet Evêché a le titre de Duché-Pairie. Le Chapitre de la Cathédrale est composé d'un Doyen, d'un Trésorier, de six Archidiacres, d'un Chantre, & de cinquante-deux Chanoines.

Le *Séminaire* a été fondé par Sebastien Zamet Evêque de Lengres qui en donna la direction aux Prêtres de l'Oratoire en 1622. Ce fut aussi ce même Evêque qui en 1605. avoit introduit les Jésuites dans cette Ville. L'an 1608. on leur donna la direction du College, & cet établissement fut confirmé par Lettres du Roi Henry le Grand, datées du 2. Avril de cette même année, & par celles de Louis XIII. du 24. Février de l'an 1619. Il n'y a que trois Paroisses dans Lengres, *Saint Pierre*, *Saint Amatre* & *Saint Mar-*

tin. C'eſt dans cette derniere que nâquit *Ange Benigne Sanrey*, Prêtre d'un grand ſçavoir & d'une grande vertu.

VESOUL, *Veſullum*, *Caſtrum Veſolenſe*, petite Ville ſituée en pente au pied d'une montagne nommée *la Motte de Veſoul*, au pied de laquelle paſſe la petite riviere de Veſoul. Cette Ville eſt à ſept lieues de Beſançon, & à deux de la riviere de Saône. Elle a Préſidial, Magiſtrat, un Chapitre, un College de Jéſuites, un Couvent de Capucins, & deux de Filles. On compte dans Veſoul environ deux mille deux cens vingt-cinq habitans.

Voici l'autre route, c'eſt à dire, la plus détournée, & la plus longue. On ſuit la route précédente juſqu'à Lengres d'où l'on va à

Protoy.	4. l.
Thil.	4. l.
Dijon.	5. l.
Genlis.	3. l.
Auxonne.	3. l.
Dole.	3. l.
Orchamps.	3. l.
S. Wit.	3. l.
Beſançon.	4. l.

DIJON. *On peut voir la deſcription de*

cette Ville dans le Voyage de Paris à Toulon par la Bourgogne.

AUXONNE, ou AUSSONNE, est une Ville de Bourgogne située sur le bord de la Saône sur laquelle est un pont qui forme un beau coup d'œil. Au bout de ce pont il y a une levée de 2350. pas de long, & de vingt-trois arcades pour faciliter l'écoulement des eaux dans les inondations de la riviere. Cette levée fut revêtue de pierre en 1405. par les soins de Marguerite de Baviere Duchesse de Bourgogne. L'histoire ne nous apprend rien sur l'origine de cette Ville. Il y a néanmoins de l'apparence qu'elle a quelque ancienneté. Elle faisoit autrefois partie du Comté de Bourgogne, duquel elle fut séparée à la mort du Comte Guillaume III. l'an 1126. Le Comté de Bourgogne échut pour lors à Renaud, & celui d'Aussone à Guillaume. Ces deux Seigneurs étoient freres, & les plus proches parens du Comte Guillaume III. Estevenon petit-fils de Guillaume donna en 1237. le Comté d'Aussonne à Hugues IV. Duc de Bourgogne en échange de la Seigneurie de Salins & de quelques autres Terres.

Il y avoit autrefois deux Paroisses; mais à présent il n'y a que celle de Nôtre-Dame. Cette Ville est du Diocese de Besançon. Les Capucins ont ici un Couvent ; les Filles de Sainte Claire en ont aussi un, de même que les Ursulines. L'Hôpital est assez mal bâti, & n'est pas riche.

Un Bailliage Royal, la Mairie, le Grenier à sel & les Juges Consuls sont les Jurisdictions de cette Ville. Le Château a été bâti par Louis XI. Charles VIII. & Louis XII.

Cette Ville étoit fermée d'une double muraille. En 1673. on commença à la fortifier comme elle est à présent avec quelques bastions revêtus, quelques demi-lunes, une contregarde & un chemin couvert. Elle donna un exemple mémorable de fidelité, lorsqu'elle fut assiegée par le Comte de Lannoy qui y vint pour en prendre possession au nom de l'Empereur Charles-quint à qui elle avoit été cédée par le Traité de Madrit. Les habitans refuserent de le recevoir. Il les assiégea, mais il fut contraint de lever le siege & de se retirer à Dole.

DOLE, *Dola Sequanorum*, *Dolum*, que quelques-uns ont crû être le *Didattium* de Ptolomée, est située sur le Dou dans un canton qu'on appelloit *le Val d'amour*, à cause de sa beauté & de sa fertilité. Cette Ville a été la Capitale du Comté de Bourgogne pendant que Besançon s'est s'est gouvernée en République. Les Souverains de ce pays avoient décoré Dole d'un Parlement, d'une Chambre des Comptes & d'une Université. Ils y firent même pendant longtems leur séjour, & l'on la surnommoit pour lors *Dole la Joyeuse*; au lieu qu'après qu'elle eut été prise & ruinée par les François en 1479. on la surnomma *Dole la Dolente*. L'Empereur Charles-quint la fit fortifier l'an 1530. & elle fut assiegée en 1636. par le Prince de Condé qui s'en seroit rendu maître si à la priere du Pere Motet & des autres Jésuites de cette Ville, il ne l'avoit pas attaquée par l'endroit le plus fort pour ménager le College de ces Peres qui tenoit au côté le plus foible. Cette pieuse complaisance coûta cher à ce Prince; car il fut obligé de lever le siege. Le Roi ayant conquis cette Ville & toute la Province pendant le mois de Février de l'an 1668. il fit razer les fortifications de Dole, & la rendit généreusement par le Traité conclu à Aix-la-Chapelle la même année. Les Espagnols en réparerent les murailles, & commencerent de nouvelles fortifications qui étoient fort avancées lorsque le Roi la prit pour la seconde fois l'an 1674. Sa Majesté les fit continuer jusqu'à leur perfection: mais dans la suite Elle jugea à propos de les faires démolir au commencement de la guerre qui fut terminée par la paix de Riſwic. Cette Ville a pluſieurs belles rues décorées de beaux bâtimens tels que le Palais où le Parlement tenoit ſes ſéances, le Palais de la Chambre des Comptes, la Maiſon de l'Univerſité, le Couvent de Filles de la Viſitation, l'Egliſe de Nôtre-Dame, le College de S. Jérôme & celui des Jéſuites qui eſt une des plus belles maiſons qu'ils ayent en France. On y voit ſur la porte une figure de S. Ignace de Loyola, avec cette inſcription, *Succeſſori ſancti Thomæ.* L'Egliſe de Nôtre-Dame eſt la plus grande de la Ville, & eſt ſituée en un lieu élevé; ce qui fait qu'on apperçoit de fort loin la tour qui eſt audeſſus de ſon portail. Le Maître-Autel eſt enrichi de colonnes & de ſtatues de marbre. Du côté de l'Evangile eſt le mauſolée en marbre blanc de Jean Carandolet Chancelier de Bourgogne, & de ſa femme Marguerite de Chaſſey fille d'Hugues de Chaſſey & d'Alix de Chicerey. C'étoient le pere & la mere de Jean Carandolet Préſident du Conſeil Privé, mort Archevêque de Palerme. Les Romains avoient décoré cette Ville de pluſieurs monumens dont les noms ou les reſtes ſe conſervent encore. Ils donnoient des combats dans l'endroit qu'on appelle encore *la Place des Arenes.* On voit les restes de deux aqueducs qu'ils avoient fait construire au même endroit. Le grand chemin qu'ils avoient fait pour aller depuis Lion jusqu'au Rhin, traversoit cette Ville, & l'on en remarque encore des vestiges sur la route de Dole à Besançon. Il y a aujourd'hui à Dole une Chambre des Comptes, un Bailliage, un Magistrat, un Chapitre, cinq Couvens d'hommes, six de Filles, un Hôtel-Dieu, un College de Jésuites. Sur la porte du Couvent des Cordeliers on voyoit autrefois cette inscription burlesque.

Fratres bene veneritis,
Bien las aux pieds & aux genoux
Esuritis & sititis,
C'est la maniere d'entre nous.

Des biens qu'avons amassez
Pro Deo sumite gratis:
Et si vous n'en avec assez,
Mementote paupertatis.

L'on compte dans Dole environ quatre mille cent quinze habitans.

BESANÇON, *Vesontio*, *Vesontium*, *Besantio*; c'est sans doute de ce dernier nom latin qu'on a fait celui de Besançon, de même que de *Brigantio* on a fait Briançon. Il s'en faut infiniment que nous ne soyons aussi certains de l'origine du nom latin de cette Ville. Chifflet * dit après d'anciennes Legendes manuscrites qu'on garde dans l'Eglise Métropolitaine, que c'est une tradition établie dans le pays, que dans le tems qu'on rétablissoit cette Ville dans un terrein champêtre on y trouva de ces bœufs sauvages que les Latins appellent *Vison*, & que c'est de là que cette Ville fut nommée *Bisuntica*, en mettant un *B* en la place d'un *V*. Outre ce nom latin, la Ville de Besançon en a eu un grec dans la suite. Quelques Historiens l'ont appellée *Chrysopolis*, *Ville d'or*. Le Pape Jean VIII. écrivant au Roi Charles le Gros, qualifie Thierri Archevêque de *Chrysopolis*. L'origine de ce nom n'est pas plus connue que celle du premier. M. de Valois croyoit que parce qu'il y avoit une monnoye d'or nommée *Besan*, pour avoir été fabriquée à Bisance, & qu'Amien Marcellin a appellée *Besantio*, & Charlemagne *Bisancion*, la Ville que nous avons nommée Besançon, la ressemblance des noms fit croire que la monnoye d'or y avoit été frappée; & cette erreur fut cause que l'on donna à

* *Chifflet Vesont. part.* 1. *p.* 44.

la Ville de Beſançon le nom de *Chryſopolis*, c'eſt-à-dire *Ville d'or.* D'autre prétendent que c'eſt à cauſe d'une de ſes portes qui étoit dorée. Quoi qu'il en ſoit, cette Ville n'a porté ce nom que depuis le neuviéme ſiecle juſqu'au treiziéme.

Le tems de la fondation de Beſançon n'eſt pas plus connu que l'origine de ſon nom. Chifflet dit avoir lû dans des Manuſcrits qu'on gardoit dans cette Ville, qu'elle avoit été fondée quatre cens trente quatre ans avant Rome; & c'eſt d'après cette opinion qu'avoient été faits les Vers qu'on liſoit dans l'Arſenal de Beſançon, du tems de l'Hiſtorien que je viens de citer.

Martia Romulidum ſenior Veſontio gente
Magnanimos habui Martis in arte viros.
Nondum Cæſar eras, nec lilia ſceptra gerebant,
Cùm ceſſit juſſis Sequana terra meis.

Céſar a parlé de Beſançon comme d'une Ville des plus fortes des Gaules. Il dit qu'elle étoit ceinte de tous côtez par la riviere *du Dou*, hormis l'eſpace de ſix cens pas qui étoit fermé par une haute montagne dont le pied touchoit des deux côtez à la riviere, & laquelle étoit enclose avec la Ville par le moyen d'un mur qui l'environnoit si bien, qu'elle lui servoit comme de forteresse. Les Romains la crurent si propre à leurs desseins, qu'ils en firent une Place d'armes, & la rendirent une des plus magnifiques des Gaules. L'on voit encore hors des murs les restes d'un amphithéatre d'environ cent vingt pieds de diametre. On y trouve aussi les restes de quelques Temples & plusieurs quartiers, tant dedans que dehors la Ville, qui retiennent encore aujourd'hui les noms que les Romains leur avoient donnez. Dans la Ville sont les clos, *sacra septa*, le champ de Mars, *campus Martius*, Charmont, *Charitum mons*, Romchau, *Romæ collis*, Champ-carno, *Campus carnæ*, rue de Chasteur, *vicus Castoris*, la Rhée, *vicus Rheæ*, rue de la Lue, *vicus Luæ*, rue de la Vennie, *vicus Veneris*.

Cette Ville fut florissante pendant plusieurs siecles, & principalement sous l'Empire d'Aurelien, en l'honneur duquel elle érigea un Arc de triomphe dont on voit encore des restes. Elle avoit déja été ruinée du tems de Julien l'Apostat par les Allemans qui étoient entrez dans les Gaules sous la conduite du Roi Crocus; mais elle fut rétablie depuis, & détruite une seconde fois par Attila. Les

Bourguignons l'ont rebâtie depuis dans l'état où elle est.

Besançon est située sur le Dou, ainsi que je l'ai dit, & cette riviere partage la Ville en deux parties presque égales, dont l'une s'appelle la haute Ville, & l'autre la basse. L'on compte dans cette Ville huit Paroisses, deux Chapitres, deux Abbayes d'hommes, deux de Filles, un Séminaire, un College de Jésuites, sept Couvens d'Hommes, cinq de Filles, un Hôtel-Dieu où on éleve de pauvres enfans, garçons & filles, un Hôpital général, l'Hôpital du S. Esprit pour les Enfans-Trouvez, un Refuge où l'on enferme les filles débauchées, & en tout onze mille cinq cens habitans.

La Cathédrale porte le nom de saint Jean, & est bâtie au pied du mont saint Etienne autrefois appellé *Mons Cœlius.* La tradition du pays veut que S. Lin du tems de l'Empereur Claude bâtit ici auprès d'une fontaine une petite Eglise qu'il dédia au Sauveur ressuscité, à la sainte Vierge, & à S. Etienne premier Martir. S. Lin sanctifia cette source par l'usage qu'il en fit; car il s'en servit pour bâtiser ceux qu'il convertissoit à la Religion Chrétienne. La fontaine qui étoit dans ce lieu fit que saint Lin le préfera pour y bâtir un Oratoire, au *Mont Cœ-*

lius où il n'auroit pas été aisé d'avoir de l'eau pour administrer le bâtême aux Payens qui se convertissoient. Saint Maximin rétablit l'Oratoire que S. Lin avoit élevé ; & comme il se trouvoit trop petit pour contenir l'affluence du peuple qui venoit entendre ses prédications, il fit bâtir une Eglise auprès du Capitole, qui fut achevée & enrichie par les libéralitez de l'Imperatrice Helene mere de Constantin. Cette Eglise porta d'abord le nom de saint Etienne, puis on y ajoûta celui de saint Jean qu'elle a retenu seul depuis qu'on en eut bâti une autre dont S. Hilaire Evêque de Besançon avoit jetté les fondemens sur *le Mont Cœlius*, & laquelle fut dédiée à S. Etienne. Ces deux Eglises se sont longtems disputées le titre de Métropolitaines ; mais l'an 1668. le Roi d'Espagne termina le différend en faisant raser celle de S. Etienne, pour faire construire en sa place une Citadelle.

La Cathédrale de Besançon est le Siege d'un Archevêque qui prend la qualité de Prince de l'Empire, & doit être élû par le Chapitre, suivant le concordat germanique que cette Eglise a reçû. Le revenu de cet Archevêché est d'environ dix-huit mille livres par an. Le Chapitre de cette Cathédrale est exempt de la Jurisdiction de l'Archevêque. Il est composé de quatre Dignitez, de quatre Personats, & de quarante-trois Canonicats ou Prébendes. Les Chanoines par privilege du Pape Paul V. portent par tout la soûtanne violette comme les Evêques, officient en certains jours avec la mitre & les autres ornemens Episcopaux, & sont inhumez avec les mêmes ornemens.

On conserve dans l'Eglise Cathédrale de Besançon plusieurs Reliques précieuses, entre autres le chef de S. Agapit qui est en très-grande vénération dans la Province : mais *le S. Suaire* est celle de toutes ces Reliques qui est la plus fameuse, & qui attire deux fois l'année dans cette Eglise une foule incroyable de peuple des pays les plus éloignez. L'on prétend que cette Relique fut apportée à Besançon sous le Pontificat de S. Chelidoine Evêque de cette Ville. L'on le montre au peuple tous les ans le jour de Pâques, & le Dimanche d'après l'Ascension. Cette Cérémonie se fait avec beaucoup de précaution ; & de peur qu'un excès de zele ne porte le peuple à se jetter sur une si précieuse Relique, on ne la montre dans ces deux jours que du haut d'une gallerie qui regne audessus de la corniche du dehors de l'Eglise.

Le Couvent des Religieuses Cordelieres, dites de ſainte Claire, n'a rien de remarquable, mais les curieux vont voir dans ſon Egliſe le tombeau de Jaques de Bourbon ſecond du nom, Comte de la Marche & Roi de Sicile, par ſa femme Jeanne II. Ce Prince ſe fit Religieux du Tiers-Ordre de S. François, & voulut être enterré dans une Chapelle qu'il avoit fait bâtir ici, & que de ſon nom on appelle *la Chapelle du Roi Jaques.* Voici l'Epitaphe qu'on lit ſur ſon tombeau.

Cy giſt Jaques de Bourbon, très-haut Prince & excellent, de Hongrie, Jeruſalem & Sicile, Roi très-puiſſant, Comte de la Marche, de Caſtre, & Seigneur d'autres pays, qui pour l'amour de Dieu laiſſa freres, parens, amis, &c. & par dévotion entra en l'Ordre de S. François, lequel trépaſſa le vingt & troiſiéme jour de Septembre de l'an 1438. *Priez Dieu pour ſon ame dévotement*

L'Hôtel-de-Ville, la maiſon du Gouverneur, & l'Hôtel de Granvelle ſont les plus beaux bâtimens de Beſançon. On voyoit dans ce dernier tout ce que la curioſité la plus ingénieuſe, & la richeſſe d'un particulier peuvent ramaſſer de ſtatues, de tableaux, de livres, de manuscrits, &c. On remarque en différens quartiers de la Ville cinq belles fontaines. La premiere est dans la Place de Battane. On y voit une statue de pierre qui représente Bacchus couronné de pampre, & assis sur un tonneau qui donne de l'eau avec abondance. Une autre est dans la Place qui est devant l'Hôtel-de-Ville. Cette fontaine est une espece d'apothéose de l'Empereur Charles-quint. Une Aigle de bronze à deux têtes, jette de l'eau par l'un & l'autre bec. Charles-quint couronné de lauriers est sur cette Aigle, tient d'une main un globe du monde, & de l'autre une épée. Dessus est l'ancienne devise de la Ville *plût à Dieu*. La fontaine de Neptune est devant le Couvent des Carmes. Une statue de pierre représente ce Dieu qui a un trident à sa main droite, & est assis sur un Dauphin qui jette de l'eau dans un grand bassin. Enfin la derniere de ces fontaines est ornée d'une statue aussi de pierre qui représente une Nymphe toute nue qui jette de l'eau par ses mamelles.

Besançon a été Ville libre & Impériale jusqu'à la paix de Munster qu'elle fut cedée à l'Espagne par l'Empereur, & l'Empire, en échange de Frankandal, dont Sa Majesté s'étoit emparée, & qui fut rendue à l'Electeur Palatin à qui elle appartenoit. Besançon sous la domination de l'Espagne continua de se gouverner en République par son Magistrat qui étoit composé de quatorze Gouverneurs & de vingt-huit Notables qui étoient élûs tous les ans par tous les chefs de famille.

Le Roi s'étant rendu maître de cette Ville en 1674. cette forme de gouvernement fut abolie, & en sa place Sa Majesté établit un Bailliage & un Magistrat pour la Police composé de vingt Conseillers, parmi lesquels on choisit le dernier jour de chaque année un Maire & trois Echevins. Outre cela il y a un Secretaire, un Trésorier, un Controleur, un Syndic & un Soûsyndic.

Antoine Perrenot de Granvelle Cardinal, Archevêque de Besançon, & un des principaux Ministres de Charles-quint & de Philippe II. étoit né dans cette Ville l'an 1516. & mourut à Madrit le 21. de Septembre 1586. Plusieurs Ecrivains qui ont porté le nom de Chifflet étoient aussi de cette Ville.

Quant aux fortifications, Besançon est située sur une Presqu'isle du Dou qui forme son fossé. Le Roi Louis XIV. y a fait faire une nouvelle enceinte irréguliere sans bastions, mais flanquée de huit tours bastionnées. La haute Ville a une de ſes parties ſéparée par un foſſé qu'on appelle *le champ de Mars*. La baſſe eſt de l'autre côté de la riviere, & eſt fortifiée d'une nouvelle enceinte fort irréguliere, composée de trois grands baſtions, de quatre courtines & d'un réduit ou baſtion retranché par la gorge. Trois de fronts de l'enceinte ſont couverts par autant de demi-lunes. Les baſtions ſont ſurmontez de grands cavaliers. Cette enceinte eſt enfermée d'un grand & large foſſé, & d'un chemin couvert revêtu.

La Citadelle eſt ſituée ſur un rocher haut & eſcarpé. C'eſt un quarré long composé de quatre baſtions irréguliers. Les deux petits fronts ſont couverts chacun d'une demi-lune & d'un petit foſſé. Au bas du rocher du côté de la Ville, & entre la Ville & la Citadelle il y a un front de fortification couvert d'une demi-lune, d'un petit foſſé & d'un chemin couvert revêtu. Cette Citadelle eſt ſéparée de la campagne par un foſſé profond taillé dans le roc, qui barre toute la Preſqu'iſle, & regne d'un bord à l'autre côté de la riviere.

Roulans.	4. l.
Baume-les-Nones.	3. l.
Clerval.	3. l.
S. Maurice.	3. l.

Montbeliard.	3. l.
Béfort.	3. l.
Delle.	4. l.
Seppois.	3. l.
La Maison rouge.	3. l.
Huningue.	3. l.

MONTBELIARD est la Capitale d'un Comté du même nom, & d'un petit Etat qui comprend de plus les Seigneuries d'Hericourt, de Clermont, de Chastelot, de l'Isle & de Blamont, qui ont autrefois appartenu à divers Seigneurs, & les Fiefs de Clerval & de Passavant qui ont été membres du Comté de Bourgogne. Ce petit Etat a passé successivement dans plusieurs maisons, & fut porté dans la maison de Wirtemberg par le mariage de N... de Montfaucon avec Eberhard Comte de Wirtemberg, lequel mourut l'an 1431.

La Ville de Montbeliard est située sur un rocher sur lequel est un grand & fort Château que son assiette rend très-difficile à prendre, le rocher étant escarpé presque par tout. La Ville est d'ailleurs assez forte, ayant pour rempart d'un côté la riviere d'*Halle* qui y forme un grand marais, & qui après avoir rempli les fossez de la Ville, se jette un peu audessous dans le Dou. Au reste cette petite Ville est défendue par un rempart terrassé & par quelques bastions.

BEFORT est une petite Ville située au pied d'une montagne, & c'est un grand passage pour aller de Franche-Comté en Alsace. Il n'y a tout au plus dans Béfort que cent maisons & environ sept cens habitans. Elle appartient à la Duchesse Mazarin à qui elle rapporte environ dix mille livres de rente. Ses fortifications ont été fort augmentées par les grands ouvrages que Louis XIV. y a fait faire. Sa figure est pentagonale, & les hauteurs dont cette Place est commandée obligerent le Marêchal de Vauban d'inventer un nouveau systême de fortifications. Ce systême consiste en tours qu'il nommoit *bastionnées*, & lesquelles n'ont que la capacité d'une tour ordinaire, mais sont faites en forme de bastions couverts d'un autre grand bastion ou contregarde. Ces bâtimens sont coupez de plusieurs grandes traverses pour éviter l'enfilade. Quatre des courtines de cette Place sont couvertes par autant de demi-lunes, deux desquelles couvrent les portes. La grande enceinte qui enveloppe presque toute la Ville depuis les hauteurs, est entourée d'un fossé plein d'eau avec son chemin couvert. Dans cette nouvelle enceinte il y a des rues tirées au cordeau, & dont les maiſons ſont d'une égale ſymétrie. La vieille Ville eſt auſſi au pied de la hauteur. Le Château eſt un aſſez grand ouvrage placé ſur des hauteurs eſcarpées, dont les ouvrages ont été réparés par le Marêchal de Vauban. Il reſte encore de l'ancien bâtiment une muraille & quelques tours rondes à l'antique. Il y a une ligne de communication pour la Ville, tirée de la pointe du baſtion qui eſt ſur la hauteur à une des aîles de l'ouvrage à couronne qui enferme le Château. Ce Château & le baſtion ſont entourez d'un foſſé & d'un chemin couvert, & la porte du Secours ou de la campagne eſt couverte d'une petite demi-lune à flancs. Audelà du chemin couvert on a avancé un grand ouvrage à corne ſelon la méthode du Marêchal de Vauban, entouré d'un foſſé ſec & d'un chemin couvert. Sur une hauteur oppoſée au Château, & de l'autre côté de la Ville on a élevé un grand ouvrage à corne irrégulier, conſtruit par reſſauts pratiquez à cauſe du commandement ſur lequel il eſt ſitué. Son front eſt couvert d'une demi-lune, & le tout enveloppé d'un foſſé & d'un chemin couvert.

HUNINGUE eſt une petite Ville ſur le Rhin à l'extrémité de l'Alſace, & tout auprès de Bâle. Elle ne consiste qu'en quatre-vingt ou cent maisons, & n'a tout au plus que cinq cens habitans. Depuis la paix de Munster jusqu'à celle de Nimegue, ce ne fut qu'une redoute de maçonnerie où l'on tenoit un *Sergent* & quinze hommes, uniquement pour avoir des nouvelles de ce qui se passoit en *Suisse* : mais après le Traité de paix de l'an 1679. le Roi en fit une Ville assez forte. Cette Place est donc toute neuve, & de la construction du Maréchal de Vauban. Elle n'a que deux portes, & sa figure est un pentagone régulier formé de cinq bastions bien revêtus, deux desquels sont chargez de deux cavaliers. Les autres sont retranchez, & ces retranchemens couvrent un magazin à poudre. Les quatre fronts du côté de la terre sont couverts d'autant de grandes demi-lunes; le tout entouré d'un fossé plein d'eau & d'un chemin couvert. Audelà de ce premier chemin couvert, on a avancé du côté de la plaine deux grands ouvrages à corne, dont la gorge est contournée en arc rentrant dans l'ouvrage. Leurs fronts sont couverts d'une petite demi-lune. Tous ces ouvrages sont coupez de traverses pour empêcher l'enfilade des commandemens qui sont autour. Toute la Place & ces ouvrages exterieurs sont entourez d'un avant-fossé & d'un chemin couvert. Le front de la Place qui est sur le bord du Rhin est couvert par un grand front de fortification qui consiste en une grande courtine qui couvre les deux bastions qui sont sur le bord du Rhin, & au milieu de laquelle est un grand bastion plat. Tout cet ouvrage a un parapet de maçonnerie percé d'embrasures. A l'angle flanqué de ce bastion est le pont de bois qui traverse le Rhin, & dont la tête qui est du côté de la Suisse étoit couverte de deux grands ouvrages à corne, l'un construit dans une Isle du Rhin, & l'autre sur la terre ferme. Ce dernier ouvrage étoit entouré de son fossé & de son chemin couvert, & fut rétabli après la bataille de Freidlingue : mais par l'article VIII. du Traité de Baden le Roi promit de faire razer les fortifications construites vis-à-vis Huningue sur la rive droite & dans l'Isle du Rhin, de même que le pont construit en cet endroit sur le Rhin.

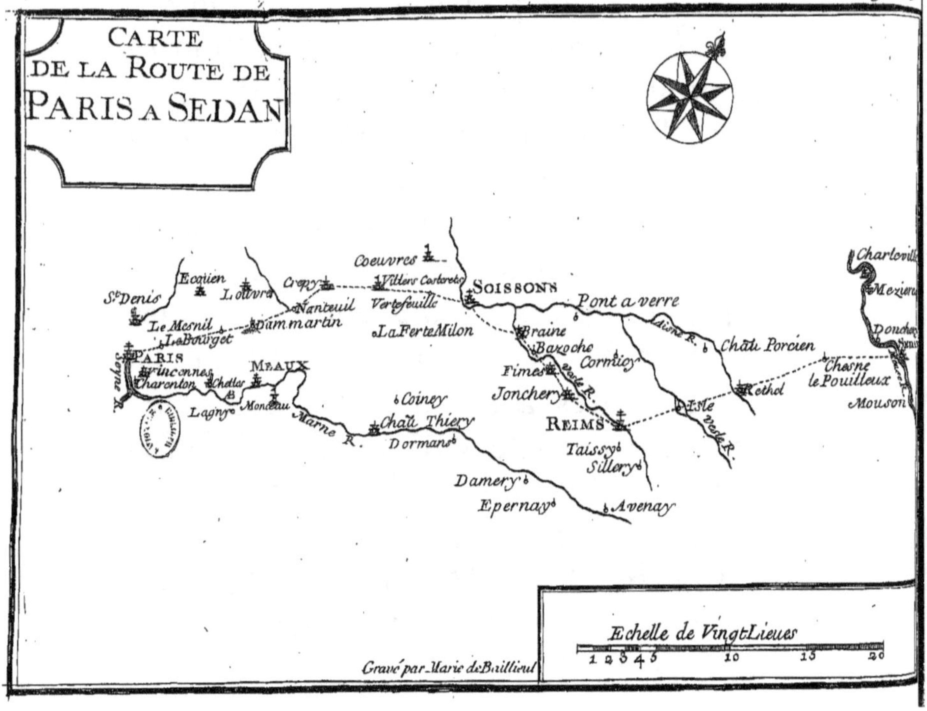

CARTE DE LA ROUTE DE PARIS A SEDAN

Coeuvres
Ecouen
St Denis
Louvre
Crepy
Villers Cotterets
SOISSONS
Pont a verre
Nanteuil
Vertefeuille
Le Mesnil
Le Bourget
Dammartin
La Ferte Milon
Braine
Aisne R.
Chât. Porcien
Charleville
Mezieres
Donchery
PARIS
Bazoche
Cormicy
Chesne le Pouilleux
Seyne R.
Vincennes
Charenton
Chelles
MEAUX
Fimes
Vesle R.
Rethel
Jonchery
Mouson
Lagny
Monceau
Coiney
Isle
REIMS
Marne R.
Chât. Thiery
Dormans
Taissy
Sillery
Damery
Epernay
Avenay

Gravé par Marie de Baillieul

Echelle de Vingt Lieues
1 2 3 4 5 10 15 20

Voyage de Paris à Sedan en passant par Soissons, Reims, &c.

Le Bourget.	2. l. & d.
Le Menil.	4. l.
Dammartin.	2. l.
Nanteuil.	3. l.
Gondraville.	3. l.
Villers-Cotterets.	3. l.
Vertefeuille.	3. l.
Soissons.	3. l.

DAMMARTIN, *Dominium Martini*, *Castrum Domni Martini*, est un gros Bourg qui a pris son nom d'un de ses Seigneurs nommé Martin, & de *Dominus* on a fait *Dom* & *Dam*. Il a le titre de Comté, & a passé successivement de plusieurs Maisons illustres dans l'auguste Maison de Bourbon-Condé. Ce Bourg est situé dans le canton de l'Isle de France appellé la Goëlle en *Parisis*, pour le distinguer d'un autre petit pays d'Artois qu'on nomme aussi *la Goëlle*. On compte ici environ 350. feux. L'Eglise Paroissiale est dédiée à S. Jean-Baptiste, & dépend de l'Abbaye de saint Martin aux Bois, & est desservie par un

Prieur-Curé qui eſt un Chanoine Régulier de la Congrégation de Sainte Geneviéve. Il y a auſſi une Egliſe Collégiale dédiée à Nôtre-Dame, & dont le Chapitre eſt composé d'un Doyen & de ſix Chanoines. Il ne reſte plus du Château de Dammartin qu'une groſſe tour qui tombe en ruine. Le Roi allant à Reims pour la Cérémonie de ſon Sacre, coucha à Dammartin le 17. d'Octobre 1722.

NANTEUIL-LE-HAUDOUIN, *Nantogilum Hilduini*, a pris ſon nom du mot Celtique *Nant* qui ſignifioit un ruiſſeau ou le confluent de pluſieurs eaux, & d'*Hilduin*, un de ſes anciens Seigneurs. Le Château eſt digne de la curioſité des Voyageurs, & a été fort embelli par le Maréchal de Schomberg. Le parc eſt d'une grande étendue, & eſt coupé par de longues allées à perte de vûe, & orné de canaux & de fontaines jalliſſantes. Cette Terre appartient aujourd'hui aux héritiers du feu Maréchal Duc d'Etrées Vice-Amiral du Ponant, & Grand d'Eſpagne.

VILLERS-COTTERETS, *Villaris ad collum Retiæ*, eſt un gros Bourg proche la forêt de *Rets*, où les Ducs de Valois de la Maiſon Royale ont fait bâtir un beau Château. Il y a dans ce Bourg environ quatre cens feux, & une Paroiſſe deſſervie par des Religieux de Prémontré qui y ont une Abbaye en Regle. Louis XV. dans son voyage de Reims coucha dans le Chateau en allant & en revenant, & feu M. le Duc d'Orleans à qui il appartenoit y donna une superbe fête au Roi & à toute la Cour.

SOISSONS, *Noviodunum*, *Augusta Suessionum*, est sur la riviere d'Aisne. Cette Ville qui est Episcopale a été sous la premiere Race la Capitale du Royaume de Clotaire I. de Chilperic son fils, & de Clotaire II. fils de Chilperic. Sous les Carlovingiens elle obéïssoit à Charles le Chauve Roi de la France Occidentale. Les Comtes de Vermandois se l'approprierent dans la suite. Elle passa depuis dans les Maisons de Nesle, de Châtillon-Blois, de Couci, &c. Deux filles d'Enguerand de Couci partagerent le Comté de Soissons. L'aînée vendit sa moitié à Louis Duc d'Orleans, duquel elle passa à Louis XII. qui la réunit à la Couronne. La cadette porta sa moitié en dot dans la Maison de Bar. Jeanne fille de Robert Duc de Bar la porta pareillement en dot à Louis de Luxembourg, Comte de S. Paul, Connêtable de France. Marie de Luxembourg leur petite fille la porta aussi en dot dans la Maison de Bourbon-Vendôme, de laquelle

elle passa dans la branche de Bourbon-Condé, puis dans celle de Bourbon-Soissons. Louis de Bourbon Comte de Soissons ayant été tué à la bataille de Sedan, & n'ayant laissé que deux sœurs, l'aînée appellée Louise, fut mariée avec Henry II. Duc de Longueville, & Marie qui étoit la cadette, avec Thomas-François de Savoye Prince de Carignan, à qui elle apporta la moitié du Comté de Soissons. Leurs descendans jouissent aujourd'hui de tout ce Comté; sçavoir de la moitié qui est au Roi par engagement, & de l'autre moitié en proprieté.

La Ville de Soissons est située dans un vallon agréable & fertile. Elle a un pont de pierre sur la riviere d'Aisne entre la Ville & le faubourg de S. Wast. Le Château est antique & flanqué de grosses tours rondes & massives. Il y a des Chartes de Rois de la premiere Race qui sont datées de cette maison Royale. Outre ce Château il y en avoit un autre hors la Ville, qui étoit nommé *le Château de Croui*. Il étoit situé sur le bord de la riviere d'Aisne, & servoit de demeure ordinaire aux Rois de Soissons. Il en reste des vestiges qui font connoître qu'il étoit grand & magnifique pour le tems. C'est dans l'enclos de ce Château que l'Abbaye de S. Médard fut fondée.

Dans l'Eglise de l'Abbaye de Nôtre-Dame l'on remarque deux tombeaux de marbre antiques, qui ont chacun environ cinq ou six pieds de long & trois de hauteur. L'un est orné sur le côté d'une vigne chargée de feuilles & de raisins. Au milieu il y a un cercle dans lequel sont ces trois caracteres A. χ. Ω. Au milieu de chaque côté du cercle est le monograme χ. Un Ecrivain m'a repris par préference à celui qui m'a induit en erreur, d'avoir pris le χ. pour des fléches ou Javelots, mais il l'a fait si *lourdement*, pour me servir du terme qu'il employe contre moi, qu'aussitôt je me suis souvenu du trait de Virgile, *procumbit humi bos*. Sur l'extrémité qui est du côté de l'Autel est un amas en rond de feuilles longues & pointues, & à côté sont des épis de froment. Sur l'autre extrémité est le Christ grec & une vigne sans feuillage, mais chargée de grapes.

L'autre de ces tombeaux est orné de cinq représentations. La premiere est un bâtéme, la seconde une femme suppliante, la troisiéme une Croix, deux soldats, une couronne de laurier, trois colombes & le Christ grec; la quatriéme un suppliant, la cinquiéme des personnes qui se désalterent. A l'extrémité du côté de l'Autel l'on voit un fourneau ardent, & deux hommes qui se donnent les mains ; un troisiéme qu'on ne voit pas est enfermé dans le mur. A l'autre extrémité il y a un homme nud dans une fosse, & un lion.

Ces tombeaux étoient hors de l'ancienne Eglise, à la place de laquelle celle de l'Abbaye a été bâtie, & il y a beaucoup d'apparence qu'ils ont été élevez sous l'un des enfans de Constantin, ou sous quelque Prince suivant. La tradition du pays veut que ces deux monumens ayent été érigez, l'un pour S. Derosin ou Drausin Evêque de Soissons, & l'autre pour S. Voué Confesseur. Un Religieux Pénitent du Tiers-Ordre de S. François fit une Dissertation en 1700, pour prouver que cette tradition est peu fondée. Il croit qu'il est douteux que le premier de ces tombeaux ait été érigé pour S. Derosin, mais il convient qu'il l'a été pour un Evêque, ou pour quelque Chrétien riche & illustre. Quant au second de ces tombeaux il soûtient qu'il n'a jamais été fait pour S. Voué, & qu'il ne l'a été ni pû être que pour un homme de guerre.

Le Cours qui regne le long de la riviere d'Aisne est une assez jolie promenade. Il y a à Soissons Evêché, Généralité, Présidial, Académie de Belles-Lettres, & un College dirigé par les Peres de l'Oratoire.

On a tenu dix Conciles dans cette Ville. Le premier l'an 853. le second en 863. le troisiéme en 866. le quatriéme en 941. le cinquiéme en 1078. le sixiéme en 1092. le septiéme en 1120. ou selon d'autres en 1137. contre le fameux Pierre Abeillard, le huitiéme en 1153. le neuviéme en 1202. ou 1210. & le dixiéme en 1456. Le Roi Louis XV. dans son voyage de Reims séjourna à Soissons en allant, & en revenant.

Braine.	4. l.
Fismes.	3. l.
Joncheri.	2. l.
Reims.	4. l.
Isle.	4. l.
Retel.	4. l.
Chesne le Pouilleux.	6. l.
Sedan.	5. l.

BRAINE, *Braina*, sur la riviere de Vesle, est une petite Ville qui a le titre de Comté, & dont les Comtes étoient vassaux & pairs des Comtes de Champagne. Valois & le P. Mabillon ont prétendu que Braine étoit la même chose que la Maison Royale que Grégoire de Tours nomme *Brenacum*; & ce qu'il dit au même endroit de S. Médard de Soiſſons, appuye leur ſentiment. Un Sçavant prétend néanmoins le contraire, parce que ſuivant l'analogie on ne peut faire de *Brenacum* que *Bernay* ou *Brenay*, & non pas Braine : mais le Public qui ordinairement donne les noms aux choſes, n'y regarde pas de ſi près. La Seigneurie de Braine a paſſé dans pluſieurs Maiſons conſiderables, & elle appartient actuellement au Prince de Lambeſc de la Maiſon de Lorraine, auquel Mademoiſelle de Duras la porta en mariage.

FISMES, *Fines*, ſur la riviere de Veſle, petite Ville très-ancienne du Dioceſe de Reims, mais ſur les limites de celui de Soiſſons, ce qui lui a donné le nom de *Fines* qui fut corrompu dans le dixiéme ſiecle, & changé en celui de *Fimæ*. Ce lieu étoit du domaine de l'Egliſe de Reims; mais les Archevêques l'alienerent avec Epernay en faveur des Comtes de Champagne qui leur en firent hommage juſqu'à la réunion de leur Comté à la Couronne. Il s'y eſt tenu deux Synodes; l'un en 881. & l'autre en 935. Le Roi Louis XV. y coucha en allant à Reims.

REIMS, *Durocortorum*, ſur la riviere de Veſle eſt une Ville des plus anciennes & des plus illuſtres du Royaume. Elle eſt ſituée dans une plaine abondante en grains, & ceinte de collines dans l'éloignement de deux ou trois lieues. L'ancienneté de cette Ville ne peut pas être conteſtée. Les monumens qui reſtent en ſont des preuves convaincantes. Les quatre anciennes portes tiroient leurs noms de Divinitez Payennes. Celles de *Mars* & de *Cerès* l'ont conſervé. La porte aux Ferrons étoit autrefois nommée la porte de *Venus*, & la porte Bazée, porte de *Bacchus*. L'Arc de Triomphe qui eſt auprès de la porte de Mars, a ſervi à l'une des entrées de la Ville juſqu'en l'année 1544. qu'il fut enterré, & que l'on bâtit à côté la porte de Mars. Cet Arc de Triomphe fut déterré en 1595. & dans la ſuite muré & caché de nouveau; enfin il fut encore découvert l'an 1677. Il a été érigé en l'honneur de Céſar, ou ſelon quelques autres en celui de Julien l'Apoſtat, lorſqu'après ſes conquêtes d'Allemagne il paſſa par Reims pour aller à Paris. Il eſt compoſé de trois arcades d'ordre corinthien. Celle du milieu a trente-cinq pieds de haut ſur douze de large. Les bas-reliefs dont elle eſt ornée repréſentent une femme aſſiſe, & tenant une corne d'adondance pour marquer la fertilité du pays. Les quatre enfans qui ſont auprès d'elle désignent les quatre saisons, & douze autres les douze mois. Les deux autres arcades ont trente pieds de haut chacune & huit de large. Les bas-reliefs de celle qui est à droite représentent Remus & Romulus qui têtent une louve. Le Berger *Faustulus* & *Acca Laurentia* sa femme sont auprès. C'est ce qui a fait croire que ce monument avoit été érigé à la gloire de César, dont les figures représentent l'origine. Les bas-reliefs de la troisiéme arcade nous font voir Leda qui embrasse Jupiter métamorphosé en cigne, & un Amour qui les éclaire de son flambeau. Fort près de cet Arc de Triomphe on voit des vestiges du Château de Porte-Mars qui servoit de Citadelle aux Archevêques de Reims, & qui fut démoli après la décadence de la Ligue en 1594. M. Baugier qui a donné au Public des Mémoires historiques de la Province de Champagne s'est imaginé que c'étoient les restes d'un Château bâti du tems de César. A deux cens pas de la Ville on voit des restes d'un amphitéatre pour les spectacles. On remarque aussi des restes d'un Arc de Triomphe dans une rue qui est auprès de l'Université.

L'Eglise Cathédrale est sous l'invocation de Nôtre-Dame, & est une des plus superbes du Royaume. Tout ce grand édifice est d'une architecture gotique, mais des plus belles & des mieux conduites qu'il y ait en France. Les deux grosses tours quarrées qui sont sur le devant de l'Eglise & qui agrandissent fort le frontispice composé de trois grandes portes, lui donnent beaucoup de majesté, & forment ce fameux portail dont on parle tant. Tout ce frontispice est chargé d'une prodigieuse quantité de sculptures qui représentent plusieurs sujets de l'Ancien & du Nouveau Testament, & même de nôtre Histoire; mais le tout sans ordre & sans aucun arrangement. La statue de saint Paul y est au côté droit, & celle de S. Pierre à gauche. Peut-être que ce dernier côté étoit autrefois le plus honorable. Audessus de la principale porte on remarque un grand vitrage en rose qui est d'une execution & d'une délicatesse surprenantes. Tout le bâtiment est couvert de plomb. Les ornemens d'Eglise sont ici des plus magnifiques. On en voit de toute couleur & de toute espece. La plus grande partie a été donnée par nos Rois.

Le Trésor est rempli de pieces riches & curieuses. On y remarque ce que l'on appelle *le Pain du Sacre*; un Calice d'or que la tradition veut avoir été donné par S. Remi; les Reliquaires qu'ont donnez nos Rois ; un Livre que le Cardinal de Lorraine portoit dans les Processions sur son estomac comme une Relique, & qui est en vieux caracteres Sclavons très-bien conservez. On remarque encore dans l'Eglise une cuve qui sert aux Fonts Baptismaux. Elle est sans figures, & ne ressent point une grande antiquité. Bodin assure qu'il y avoit de son tems dans la Bibliotheque de cette Eglise un ancien Livre qui commençoit *Juliani ad Erigium Regem*, &c. dans lequel étoit le serment que fit le Roi Philippe I. lors de son Sacre.

L'Eglise de l'Abbaye de S. Pierre est belle, & accompagnée de deux tours quarrées, élevées & formées de trois ordres de pilastres l'un sur l'autre qui se terminent en comble, audessus duquel est une lanterne percée de tous côtez. Les dedans sont très-propres & très-bien ornez.

L'Abbaye de S. Remy est une maison spacieuse & commode, dont la Bibliotheque est nombreuse & bien choisie. L'Eglise est un ouvrage gothique, qui n'a rien de beau par lui-même que sa grandeur & son élévation. On y remarque les tombeaux de Carloman frere de Charlemagne, & ceux de Louis IV. de Lothaire, de Frederonne femme de Charles le

Simple, &c. Tilpin, Hincmar, Raoul le Verd, & quelques autres Archevêques de Reims y ſont auſſi inhumez. Le tombeau qu'on croit communément être celui de Raoul le Verd, paſſe dans l'eſprit de quelques-uns pour être celui d'Hincmar. Ce Raoul le Verd fut d'abord Chanoine, & enſuite Prevôt de l'Egliſe de Reims. Il étoit ami intime de ſaint Bruno, & ils firent vœu enſemble de ſe faire Religieux. Saint Bruno lui en donna l'exemple, & lui écrivit même pour le porter à exécuter la promeſſe qu'il avoit fait à Dieu. Raoul preſſé par ſon ami & par ſa conſcience, ſe fit Religieux dans l'Abbaye de S. Remy, de laquelle il fut tiré quelque tems après pour être Archevêque de Reims. On garde dans le Tréſor pluſieurs Relique précieuſes. Le tombeau de S. Remy eſt décoré au dehors de pluſieurs ornemens de ſculpture, de colonnes, de niches & de figures travaillées avec beaucoup de goût & de propreté. La ſainte Ampoulle qui ſert au Sacre de nos Rois, & qui eſt enchâſſée dans un magnifique Reliquaire d'or, eſt gardée dans ce même tombeau.

L'Egliſe de S. Nicaiſe eſt fort exhauſſée. Les piliers en ſont très-déliez, & la voûte eſt un morceau des plus hardis qu'il y ait peut-être dans tout le monde. La rose qui termine une des aîles, est une piece de sculpture achevée, & il seroit difficile de trouver des Ouvriers capables d'en-faire une pareille à l'autre aîle pour la symétrie. Les deux clochers sont sur le devant de l'Eglise, & font le principal ornement du frontispice, étant tout à jour, & pour ainsi dire tout en l'air, aussi-bien que la gallerie qui communique de l'un à l'autre. Lorsqu'on sonne une des cloches de cette Eglise, l'on voit remuer les arc-boutans qui soûtiennent la voûte de la Nef; mais le mouvement du premier à main droite en entrant dans l'Eglise, est le plus sensible, sans doute parce qu'il est plus près de ladite cloche. Pierre le grand, Empereur de Russie, Prince curieux & éclairé, & qui creusoit jusqu'à la mécanique la plus cachée des Arts, voulut au retour de son voyage de Paris en Hollande découvrir la cause de ce mouvement extraordinaire. Il monta au clocher pendant qu'on sonnoit cette cloche; & quoiqu'il apportât à cet examen une attention infinie, il ne put jamais découvrir la cause de ce mouvement. Ce Prince épuisé par l'extréme attention qu'il avoit donnée à cette recherche, & ennuyé de voir toujours le même mouvement sans en découvrir la cause, s'endormit au haut de ce clocher. S'il est vrai qu'Aristote soit mort de chagrin de n'avoir pû comprendre le flux & le reflux de l'Euripe, il faut avouer que la Philosophie de l'Empereur Philosophe est bien plus sensée que celle du Prince des Philosophes. L'on remarque aussi dans cette Eglise le tombeau de *Jovin* Général de la Cavalerie, & ensuite Préfet des Gaules, qui vivoit du tems de Julien l'Apostat. Cet Officier fit bâtir une Eglise en l'honneur de S. Vital & de S. Agricole. Cette Eglise ayant été rebâtie en 1230. fut dédiée à S. Nicaise. Le tombeau de Jovin est d'un seul bloc de marbre blanc de huit pieds de long sur quatre & demi de large, & de trois pieds & demi de haut.

L'Hôtel-de-Ville est un grand bâtiment assez commode, sur la face duquel on voit la figure équestre du Roi Louis XIII. représenté à demi bosse.

Il y a à Reims une Compagnie de Chevaliers de l'Arquebuse qui a été si illustrée que les Archevêques de Reims s'y enrôlloient. On lit dans l'ancien Registre : *Aujourd'hui Vendredi* 23. *Juillet* 1473. *fut dit & célébré en l'Eglise de Reims la Messe & Service pour nôtre Pere en Dieu Messire Jean Juvenal des Ursins Archevêque Duc de Reims, nôtre fre-*

*re & compagnon, en son vivant Chevalier de l'Arbalêtre de la Commune de Reims, trépassé le quatorziéme jour de ce présent mois de Juillet .... à la fin duquel Service fet requêtée l'arbalétre dudit feu nôtre frere & ami, à nous être baillée & délivrée ... qui a été par nous faite, armoriée des armes d'icelui**. Ces Compagnons ou Chevaliers de l'Arbalêtre ont ici un jardin où ils vont s'exercer, & où ils firent ériger une statue pédestre de Louis XIV. le 15. de Juin de l'an 1687.

Tout le monde sçait que la Ville de Reims est le Siege d'un Archevêque qui est le premier Duc & Pair Ecclésiastique, & d'une Université qui fut fondée par Charles Cardinal de Lorraine Archevêque de cette Ville, & érigée par Lettres Patentes du Roi Henry II. en l'année 1547. Cette Ville est le lieu de l'origine de plusieurs grands Ministres du nom de *le Tellier* & *Colbert*, qui ont utilement servi le Roi & le Royaume.

RETEL, *Regiteste* ou *Reiteste*, sur la riviere d'Aisne, appartenoit autrefois à l'Eglise de Reims, & fut donné vers l'an 965. à l'Abbaye de la même Ville. Les Moines y établirent *des Chevaliers* ou *Avouez* pour défendre les biens qu'ils avoient à Retel: mais ces Chevaliers se

* M. l'Abbé de la Court, Chanoine de Reims.

ſervirent du droit de les défendre pour s'en emparer, & prirent le titre de *Comtes de Retel*. Ils furent enſuite vaſſaux des Comtes de Champagne, & du nombre de leurs *Pairs*. Ce Comté tomba en quenouille vers l'an 1275. en la perſonne de Jeanne qui fut mariée à Louis Comte de Nevers fils de Robert Comte de Flandres de la Maiſon de Bourbon & de la branche de Dampierre. Une fille deſcendue d'eux le porta à Philippe de France Duc de Bourgogne. Il paſſa enſuite par mariage dans la Maiſon de Cleves, puis dans celle de Gonzague, & fut érigé en Duché-Pairie. Ce Duché fut vendu au Duc Mazarin l'an 1663. & érigé de nouveau en Duché-Pairie ſous le nom de *Mazarin*. Cette Ville a été pluſieurs fois aſſiégée, priſe & repriſe. L'Archiduc Leopol Général de l'armée d'Eſpagne s'en empara en 1650. mais elle fut repriſe la même année par le Marêchal du Pleſſis-Prâlin, après qu'il eut battu l'armée de l'Archiduc dans les plaines de Sampuy à quatre lieues de Retel. Le Prince de Condé ſe préſenta avec ſon armée devant cette Place le 30. d'Octobre de l'an 1652. & n'y trouvant aucune réſiſtance, s'en rendit maître le même jour.

Cheſne le Populeux, que par corruption l'on nomme Chesne *le Pouilleux*, est une petite Ville du Retelois située à demi-lieue de la riviere de Bar, & à trois lieues de Tourteron. Elle est principalement connue à cause que ses habitans escortent la sainte Ampoulle lorsque pour le Sacre de nos Rois on la porte de l'Eglise de S. Remi de Reims à la Cathédrale, & qu'on la rapporte de cette derniere à S. Remi. Quelques-uns disent que les habitans du Chesne ont cette distinction pour avoir autrefois retiré la sainte Ampoulle des mains des Anglois qui l'enlevoient; mais c'est une fable, & c'est uniquement parce qu'ils sont vassaux de l'Abbaye de S. Remi.

SEDAN, *Sedanum*, est située sur la Meuse aux frontieres du Duché de Luxembourg. C'étoit autrefois une petite Souveraineté, de laquelle dépendoient dix-sept Villages. Elle appartenoit anciennement aux Archevêques de Reims, un desquels l'échangea avec le Roi pour Cormicy. Elle passa ensuite dans la Maison de la Marck, & par le mariage de Charlotte de ce nom avec Henry de la Tour d'Auvergne, elle entra dans cette derniere Maison. Frederic-Maurice de la Tour d'Auvergne Duc de Bouillon la céda à la France en 1641. en échange des Duchez d'Albret, de Château-Thierri, du Comté d'Evreux, &c.

La Ville de Sedan n'a que deux portes, l'une du côté de la Champagne, & l'autre du côté de Luxembourg. Le Château est beau, & une Place importante. On y remarquera un des plus beaux magazins qui se voyent pour les anciennes armes. Ce sont les Seigneurs de la Marck à qui cette Ville appartenoit, qui avoient formé cet Arsenal. Le célebre M. de Turenne étoit né, & avoit été élevé dans ce Château.

Sedan est une Place fort irréguliere à cause des rochers qui en rendent le terrein inégal. Elle est divisée en haute & basse. On y a ajoûté une espece de troisiéme Ville ou grand faubourg.

La Ville haute est ceinte d'une muraille flanquée de huit bastions, & fortifiée à la maniere du Chevalier de Ville. Une fausse braye regne presque tout autour de cette enceinte. Quelques petites demi-lunes couvrent les fronts de cette Place. Un double fossé & un bon chemin couvert entourent la partie de l'enceinte qui est dans la prairie.

La Citadelle est aussi fort irréguliere, & fortifiée à la maniere du Chevalier de Ville. Sa fortification enferme un vieux Château flanqué de quelques tours. Elle eſt enfermée du côté de la Ville par un ſimple foſſé plein d'eau.

Cette Place eſt commandée de toutes parts ; c'eſt pourquoi on y a avancé de grands ouvrages dont les retranchemens forment quatre ouvrages à corne l'un ſur l'autre ; le tout taillé dans le roc. La tête la plus avancée eſt couverte par une petite demi-lune. Tous ces ouvrages ſont enfermez d'un petit foſſé ſec taillé dans le roc, & d'un chemin couvert. L'ouvrage à corne qui eſt du côté de la prairie, renferme un faubourg, & il eſt conſtruit en partie ſur le roc, & en partie ſur la terre, & enfermé d'un foſſé.

La Ville baſſe eſt enfermée dans une eſpece d'ouvrage à couronne irrégulier, l'un des fronts duquel eſt couvert d'une demi-lune. Cet ouvrage eſt en partie ſur le roc & en partie ſur la Meuſe qui bat un de ſes côtez ; le tout accompagné d'un chemin couvert.

La ſeconde baſſe Ville n'eſt ſéparée de la premiere que par un petit foſſé plein d'eau. Elle eſt enfermée par cinq baſtions, & eſt en partie ſur la Meuſe & en partie ſur le roc, dans lequel on a taillé un petit foſſé ſec. Un des fronts de cette enceinte du côté du rocher eſt couvert d'une demi-lune conſtruite à la maniere de M. de Vauban, auſſi bien

CARTE
DE LA ROUTE DE
PARIS A CALAIS
ET A DUNKERQUE
PAS DE CALAIS
NEUPORT
DIXMUDE
YPRES
L'ISLE
DUNKERQUE
BERGUE
DOUAY
CAMBRAY
GRAVELINES
CALAIS
ARDRES
AIRE
ARRAS
PERONNE
BOULOGNE
HEDIN
DOULENS
MONTREUIL
AMIENS
ROYE
ABBEVILLE
CLERMONT
SENLIS
BEAUVAIS
PARIS
Echelle de trente Lieues
N. Baillieul Sculp.

que le fossé & le chemin couvert qu'on a pratiquez dans le roc. Le pont qui traverse la Meuse est de pierre de taille, & sa tête est couverte par une petite demi-lune pentagonale couverte elle-même par un grand ouvrage à corne de terre, qui enferme plusieurs cazernes. Son front est couvert d'une demi-lune, & devant la courtine d'un tenaillon; le tout entouré d'un fossé & d'un chemin couvert à la maniere du Marêchal de Vauban.

Voyage de Paris à Calais, & à Dunkerque.

CE Voyage se peut faire par trois routes différentes. La premiere en passant par Beauvais; la seconde en passant par Amiens; & la troisiéme qui est la plus longue est celle de Lisle.

Premiere route qui passe par *Beauvais.*

S. Denys.	2. l.
S. Brice.	2. l.
Beaumont.	4. l.

Neuilly en Telle.	2. l.
Teillart.	3. l.
Beauvais.	3. l.

S. DENIS SUR LE CROU, *Vicus Catulliacus ad Crodoldum rivulum*, n'étoit anciennement qu'un petit Hameau apellé *Cathuël*, du nom d'une Dame nommée *Catulle*, qui ayant reçu le corps de saint Denis, & fait enlever ceux de saint Rustique & de saint Eleuthere, les ensevelit dans un champ, & marqua quelque tems après le lieu de leur sépulture par un tombeau qu'elle y fit élever, & sur lequel les Chrétiens bâtirent depuis une Chapelle en reconnoissance des miracles que Dieu avoit operez en cet endroit par l'intercession de ces saints Martyrs.

Vers l'an 496. sainte Genevieve fit rebâtir une Eglise en l'honneur de S. Denis, sur les ruines de la premiere. Avant le Regne de Clotaire II. pere de Dagobert I. il y avoit en cet endroit une Communauté Religieuse & un Abbé, & ce saint lieu avoit eu beaucoup de part aux liberalitez de nos Rois : mais Dagobert employa de si grands biens à faire bâtir une nouvelle Eglise, à la décorer magnifiquement, & à agrandir ce

Monastere, qu'il a insensiblement fait oublier les bienfaits des Rois ses prédécesseurs, & que la posterité l'a regardé comme le fondateur de cette Abbaye.

Le concours des Chrétiens qui venoient par dévotion visiter les tombeaux des saints Martyrs, avoient insensiblement formé un Village là où il n'y avoit auparavant qu'un Hameau : mais après la mort de Dagobert ce Village reçut des accroissemens considerables, & du vivant de l'Abbé Suger on l'appelloit déja *la Ville de S. Denis*. Elle a été augmentée considerablement depuis ce tems-là. On lui a vû dans ces derniers siecles une enceinte de Ville & de Place de guerre ; aussi a-t-elle soutenu des sieges. On y voit aujourd'hui une puissante Abbaye, sept Paroisses, le Prieuré de S. Denis de l'Estrée, la Chapitre de S. Paul, & plusieurs Couvents ; en sorte que la bonne Dame Catulle auroit sans doute bien de la peine à reconnoître la place de sa maison & de sa ferme.

Cette Ville n'étant qu'à deux lieues de Paris, ne peut jamais devenir gueres plus considerable. Telle qu'elle est, elle se donne le relief de Capitale du Royaume. Le fondement de cette opinion populaire ne porte que sur ce qu'elle se trouve située au milieu d'un petit pays particulier appellé *la France*, dans lequel il n'y a pas de lieu plus considérable que saint Denis, qui pour cette raison est appellé *saint Denis en France*.

Il y a tant à dire sur l'Abbaye qu'on en a fait un gros volume. L'Eglise est un bâtiment gothique achevé l'an 1281. Elle a dans œuvre trois cens trente-cinq pieds de longueur sur quatre-vingt-dix de haut. La croisée a cent vingt pieds de long & trente-neuf de large. La voûte est par tout également élevée, & ne semble être soûtenue que par des colonnes fort legeres & par des cordons fort petits. Il n'y a point dans cette Eglise de Chapelle ni d'Autel qui ne soit remarquable par la richesse dont il est orné, ou par les monumens qui y sont. Les tombeaux de nos Rois, & ceux de quelques particuliers qui ont eu l'honneur d'y être inhumez, méritent une attention particuliere. Le Trésor renferme une infinité de choses précieuses. Ce seroit ici le lieu d'en donner une description; mais comme il y a un Religieux qui les explique en les faisant voir, elle seroit inutile aux Voyageurs; & ceux qui rendus chez eux voudront s'en ressouvenir, en trouveront le détail & l'explication dans la Description de la France. Le Monastere est un bâtiment moderne qui n'est pas même achevé. Sa construction est également solide & magnifique. Les Moines de la Congrégation de S. Maur bâtissent comme les Romains, c'est-à-dire pour l'éternité.

Beaumont est une petite Ville située sur la riviere d'Oise entre Creil & Pontoise. On prétend qu'elle fut érigée en Pairie par Philippe de Valois. Elle a appartenu à Charles Duc d'Orléans ; & pendant la prison de ce Prince en Angleterre, les Bourguignons la prirent, la pillerent, & jetterent dans la riviere une partie des habitans.

BEAUVAIS, *Cæsaromagus*, dénomination moitié Gauloise, moitié Latine. Dans les anciennes Notices cette Ville qui est située sur le Terrein, est nommée *Civitas Bellovacorum*, *Civitas Belloacorum*, *Civitas Belvagorum* ou *Belvacensium*, & quelquefois *Civitas Bellovagorum*. Son Eglise Cathédrale est dédiée à S. Pierre, & le Chœur est venté pour sa grandeur, & pour la belle ordonnance de l'architecture. Il a dix piliers de chaque côté dans sa longueur & des Chapelles au pourtour. Le Jubé qui sépare le Chœur de la Nef, est tout incrusté de marbre, & enrichi de quatorze colonnes & d'autre ornemens aussi de marbre; mais ce magnifique morceau demanderoit une autre Nef; car on n'a encore bâti que deux travées de celle qu'on y devoit construire, ce qui fait dire en proverbe *Chœur de Beauvais, & Nef d'Amiens.* Le Trésor de cette Cathédrale renferme quantité de Reliques, & la Sacristie les plus belles chappes du Royaume dont on admire avec raison la richesse, la délicatesse, & la variété des portraits faits à l'éguille. Dans la Bibliotheque de cette Eglise on voit un grand nombre de Livres & de Manuscrits très-anciens. Bodin dit dans *sa République*, que de son tems il y avoit un ancien Livre qui contenoit la formule du serment que Philippe I. fit lors de son Sacre, & que cette formule étoit différente de celle d'aujourdhui. Comme les deux Moines Bénédictins qui nous ont donné leur *Voyage litteraire*, ne parlent point de cette curieuse piece; il y a apparence qu'elle n'y est plus. Ces deux Sçavans ne l'auroient pas passée sous silence car elle étoit bien aussi importante & aussi litteraire que le *Cure-dent* de Charlequint qu'ils ont vû à Besançon. Cette Bibliotheque a été augmentée de celle qu'Augustin Potier Evêque de

Beauvais donna à sa Cathedrale. L'Evêque de Beauvais est un des trois Comtes-Pairs Ecclésiastiques de France.

Outre cette Eglise il y en a quatre autres dans cette Ville qui sont Collégiales, & dont la plus considerable porte le nom de *S. Michel.* Il y a aussi plusieurs paroisses : les vitres de celle de S. Etienne sons dignes de la curiosité des Voyageurs.

La Ville est bien percée, & les rues de *l'Ecu* & de *S. Sauveur* sont les plus grandes. Elle seroit très-forte si elle n'étoit commandée par des montagnes qui l'environnent presque de tous côtez. Les Anglois l'assiégerent inutilement en 1443. & Charles Duc de Bourgogne ne fut pas plus heureux l'an 1472. quoiqu'il eut une armée de près de quatre-vingt mille hommes. Ce fut pendant ce dernier siege que les femmes de Beauvais signalerent leur valeur sous la conduite de *Jeanne Hachette*, que d'autres nomment *Jeanne Fourquet*, qui alla prendre un Etendart qu'on garde encore aujourd'hui dans l'Eglise des Jacobins. C'est en mémoire de cette belle défense qu'elles firent, qu'elles marchent les premieres à une Procession qu'on fait tous les ans le 10. Juillet, jour anniversaire de la levée de ce siége. Plusieurs personnes illustres par leur naissance, par leur mérite & par leur ſçavoir, ſont nées à Beauvais ou dans le Beauvaiſis. L'on compte parmi ces Illuſtres, cinq Grands-Maîtres de l'Ordre de S. Jean de Jeruſalem, *Jean & Phlippe de Villiers-Liſle-Adam*; *Claude de la Sengle*; *Aloph*, & *Adrien de Vignacourt*, *Jean Cholet* Cardinal; *Antoine Loiſel*; *Jean-Marie Ricard*; *Guy Patin*; *Godefroy Hermant*; *Jean-Foy Vaillant*, ſçavant Antiquaire; *Adrien Baillet*, & pluſieurs autres qui ont tenu un rang diſtingué dans la République des Lettres.

S. Lucien eſt l'Abbaye la plus conſidérable des trois qui ſont aux environs de Beauvais. L'Egliſe eſt vaſte, belle, & bâtie en Croix. Les Reliques de S. Lucien y attirent tous les jours beaucoup de monde. La belle ſculpture du Jubé & des hautes chaires a été faite aux dépens d'Antoine du Bois l'un des Abbez de ce lieu. Le Monaſtere eſt un bâtiment moderne & magnifique.

Bernay.	4. l.
Nampont.	2. l.
Montreuil.	3. l.
Franc.	3. l.
Neuchatel.	2. l.
Boulogne.	3. l.
Marquiſe.	3. l.

Calais.	2. l.
Gravelines.	4. l.
Dunkerque.	4. l.

MONTREUIL, *Monasteriolum*, est chef d'un Comté séparé du Ponthieu, & est appellé *Montreuil sur mer*, quoiqu'il en soit éloigné de trois lieues. Louis VIII. acquit cette Ville en 1229. de Guillaume de *Maineriis* Seigneur de Maintenay. L'on compte plus de cinq mille habitans dans cette Ville. Il y a aussi une petite Abbaye appellée S. Sauve, un petit Chapitre nommé S. Firmin, & huit Paroisses dont il y en a deux hors la Ville. L'Abbaye de Sainte Austreberte a été transferée d'Artois en cette Ville.

BOULOGNE sur le bord de l'Ocean, à l'embouchure de la petite riviere de Liane, est selon quelques-uns l'*Iccius portus*, *Gesoriacus portus*, *portus Morinorum*, des Anciens : mais selon Briet, Camden & Baudran, *Iccius portus* est le port de Wissand. Eumenius est le premier qui l'ait appellée *Oppidum Bononiense*. Le mouillage devant Boulogne est très-mauvais pour toute sorte de bâtimens, à moins que les vents ne soient depuis le nord jusqu'au sud-est; de tous les autres vents il eſt impoſſible d'y tenir ; car la mer y eſt fort groſſe, & la tenue fort mauvaiſe. Il n'y a qu'un ſeul endroit à une portée de canon de terre au ſud-oueſt de la tour neuve, où les Pêcheurs & les bâtimens marchands mouillent de baſſe mer en attendant le flot dont ils ſe ſervent pour entrer dans le port. Il y eſt entré quelquefois avec ces mêmes circonſtances des fregates de quatorze canons. Quant aux vaiſſeaux de guerre qui voudroient s'approcher de Boulogne, ils ne peuvent mouiller que dans la rade de S. Jean qui s'étend pendant une lieue en tirant vers le nord ; encore faut-il que les vents ſoient depuis le nord juſqu'au ſud-eſt.

La Tour d'ordre eſt tombée en ruine, & l'on a bâti en ſa place un petit Fort pour la défenſe du port.

Boulogne eſt diviſée en haute & baſſe Ville ; cette derniere eſt habitée par les Marchands qui y ſont plus à portée de leur commerce. S. Nicolas eſt la Paroiſſe de cette partie de Boulogne. La Ville haute eſt ornée de beaux bâtimens tels que l'Egliſe Cathédrale, & le Palais où l'on rend la Juſtice.

L'Egliſe Cathédrale eſt ſous l'invocation de la ſainte Vierge. L'inféodation que fit Louis XI. l'an 1478. du Comté de Boulogne

Boulogne à cette Eglise, est fort singuliere. Il est dit dans les Lettres Patentes que lui & les Rois ses successeurs tiendront à l'avenir le Comté de Boulogne immédiatement de la sainte Vierge par un hommage *d'un cœur d'or* à leur avenement à la Couronne. Louis le Grand donna douze mille livres pour son avenement & celui de Louis XIII. son pere.

Il y a dans Boulogne plusieurs Maisons Religieuses de l'un & de l'autre sexe; une Maison de Prêtres de l'Oratoire qui y enseignent les Humanitez & la Philosophie; un Séminaire dirigé par les Prêtres de la Mission de S. Lazare, & un Hôpital magnifiquement bâti par les soins & les liberalitez de la Maison d'Aumont.

CALAIS est une Ville & Port de mer qui n'étoit autrefois qu'un Village du Comté de Guines; mais Philippe de France Comte de Boulogne la fit entourer de murailles, & S. Louis l'unit au domaine de la Couronne. Cette petite Ville étoit déja si bien fortifiée en 1448. qu'Edouard Roi d'Angleterre l'ayant assiégée, il ne put la prendre que par famine. Les Anglois la garderent jusqu'au mois de Janvier de l'an 1558. qu'elle fut reprise par le Duc de Guise. Par le Traité de Cateau-Cambresis il fut dit qu'elle demeureroit pendant huit ans au pouvoir du Roi, & qu'ensuite elle seroit remise aux Anglois. Ce terme étant expiré, la Reine Elisabeth fit quelques démarches pour la ravoir : mais le Chancelier de l'Hôpital s'obstina à la garder. L'Archiduc Albert la prit en 1596. & elle fut rendue deux ans après par le Traité de Vervins. La situation de cette Ville à portée de l'Angleterre & de la Hollande, la rend plus considerable que le nombre de ses habitans ; car on n'en compte qu'environ cinq mille. Il n'y a qu'une Paroisse & quatre Couvents. Il y arrive & il en part régulierement deux fois la semaine deux bâtimens appellez *Pacquebots*, qui viennent de Douvres à Calais, & de Calais à Douvres.

La figure de cette Place en y comprenant la Citadelle, forme un quarré long, dont les deux grands côtez sont chacun de six cens toises, & les deux petits de deux cens cinquante. L'un de ces grands côtez regarde la mer & est bien fortifié. L'autre regarde la campagne, & est fortifié de bastions revêtus, bien flanquez, couverts de demi-lunes aussi revêtues, & de bons fossez de vingt-quatre à trente toises de large, que l'on peut remplir d'eau de la mer ou d'eau douce ſuivant les beſoins. Le petit côté qui fait face au Fort de *Nieulay*, eſt couvert par une inondation. Celui que l'on nomme *l'attaque de Gravelines*, eſt encore mieux fortifié. Tout le circuit de cette Place eſt enveloppé par un bon chemin couvert, auquel on a pratiqué un avant-foſſé du côté de la baſſe Ville. On ne l'a pas continué au côté de Gravelines à cauſe de la hauteur du terrein.

Le Fort de Nieulay eſt une piece parfaite dans ſa fortification à quatre baſtions, & on peut de là en moins de vingt-quatre heures former une inondation pour défendre Calais, & empêcher la circonvallation.

La Citadelle de Calais eſt une des plus grandes qu'il y ait. Elle conſerve ſon ancienne enceinte & ſon foſſé. Le Chevalier de Ville y fit une nouvelle enceinte fortifiée de trois baſtions irréguliers, à oreillons & épaulemens. Elle eſt ſi avantageuſement ſituée, qu'elle commande non-ſeulement la Ville & le Port, mais encore toute la campagne des environs.

L'on entre dans le Port de Calais par un long chenal que le Roi a fait faire au moyen de deux groſſes jettées de charpente, à la tête deſquelles ſont deux ouvrages à corne couvers d'une demi-lune, l'un & l'autre bien revêtus d'une bonne muraille à la maniere du Marêchal de Vauban, & entouré d'un bon fossé & chemin couvert. La situation de ce Port est des plus heureuses, mais il a plusieurs incommoditez; car un bâtiment n'y peut entrer sans beaucoup de risque, soit qu'il range la jettée de l'ouest ou celle de l'est. Il n'a d'ailleurs point de rade, l'abri même n'en est pas bon, mais la tenue est des meilleures.

Le Pas de Calais est un bras de mer qui sépare la France de l'Angleterre, & qui n'a que six ou sept lieues de large, en sorte que par un tems serein on distingue parfaitement bien de Calais les côtes d'Angleterre.

Le Canal de Calais est un ouvrage d'une grande utilité à cette Ville, par le moyen duquel on peut aller commodément par eau de Calais à S. Omer, à Gravelines, à Dunkerque, à Bergues & à Ypres.

GRAVELINES, *Gravenengæ*, *Grevenengæ*, que les Flamans appellent *Grevvling*, est une petite Ville fortifiée à un quart de lieue de la mer, sur la riviere d'Aa, fondée par Theodoric Comte de Flandres vers l'an 1160. Cette Ville étoit déja devenue considerable dès l'an 1214. puisque Rigord l'appelle *Grave-*

ringus Villam opulentam in finibus Flandriæ, ſuper mare Anglicum ſitam. Elle fut priſe l'an 1383. par les Anglois qui la brûlerent & la ſaccagerent. Elle ſe rétablit quelque tems après, & fut entourée de murailles. En 1644. Gaſton de France frere de Louis XIII. s'en rendit maître. L'Archiduc Léopold la reprit en 1652. mais le Maréchal de la Ferté l'ayant repriſe en 1658. elle fut enfin cedée à la France par le Traité des Pyrenées. Les Eſpagnols y avoient fait conſtruire un Fort à quatre baſtions nommé *le Fort Philippe.* Ils avoient même entrepris d'y faire un Port, mais le Fort a été raſé & le deſſein du Port a été abandonné. L'Empereur Charles-quint eſt le premier qui ait fait travailler aux fortifications de cette Ville. Il fit conſtruire ſix baſtions qu'on y voit encore.

Il n'y a à Gravelines que deux portes, l'une qui conduit à Dunkerque, & l'autre à Calais. Elles ſe répondent à peu près, & ſont preſque oppoſées l'une à l'autre. Les dedans de la Ville ſont aſſez réguliers. Les rues, ſurtout les grandes, y ſont paſſablement droites. La Place publique eſt ſous le Château, & aſſez grande, mais elle n'eſt pas des plus régulieres. On s'attachera à conſiderer trois beaux magaſins à poudre voûtez, d'une parfaitement bonne construction, & plusieurs corps de cazernes.

L'Eglise Paroissiale porte le nom de S. Wilebrod, & l'on y remarque deux monumens de marbre érigez à deux Guerriers fameux qui ont été en différens tems Gouverneurs de cette Place: l'un est Valentin de Pardieu Gouverneur de Gravelines pour le Roi Catholique, & l'autre Claude Berbier du Metz Gouverneur de cette Place pour le Roi.

L'enceinte de Gravelines est composée de six bastions & d'autant de courtines de la construction du Chevalier de Ville. A un des angles de cette Place qui n'est couvert du côté de la campagne que d'un des bastions de la Ville. Du côté de la Ville il est enfermé d'une enceinte composée de trois lignes. Aux deux angles qui le ferment sont placées deux tours rondes entre lesquelles est la porte du Château qui est entouré du côté de la Ville d'un beau & large fossé. L'on remarquera aussi que le fossé de la Place est des plus larges & des mieux construits. Il y a dans ce fossé cinq demi-lunes de la façon du Maréchal de Vauban, & il est entouré d'un chemin couvert avec ses traverses & places d'armes à l'ordinaire. Au-delà du glacis est un avant fossé le plus large que l'on voye nulle part. Au-delà encore eſt un grand ouvrage à corne que l'on appelle la baſſe-Ville, au milieu de laquelle paſſe la riviere d'Aa. Il y a une grande écluſe ſur un des côtez de cet ouvrage, dont la porte qui donne du côté de la campagne, eſt couverte d'une petite demi-lune, &c.

L'on remarque auprès de Gravelines le lieu où ſe donna une ſanglante bataille l'an 1558. dans laquelle les François furent défaits ſous la conduite du Marêchal de Termes, par les Eſpagnols commandez par le Comte d'Egmont.

DUNKERQUE eſt une Ville maritime ſituée ſur un terrein ſabloneux & un peu élevé. Elle eſt plus connue par l'importance dont elle a été dans ce dernier tems que par ſon ancienneté. Ce n'étoit dans ſon commencement qu'un Hameau composé de quelques cabanes de Pêcheurs. L'on prétend que S. Eloi y fit bâtir une petite Egliſe, de laquelle s'eſt formé le nom de *Dunkerque*, c'eſt-à-dire *l'Egliſe des Dunes*. Tous les Sçavans conviennent que *Dun* eſt un mot Gaulois qui ſignifie une montagne, & que *Kerca* ou *Kercke* en ancien Germain & en Flamand, eſt une *Egliſe* : ainſi Dunkerque ne veut dire autre chose que l'Eglise de la montagne. Il n'est gueres parlé de cette Ville avant le milieu du douziéme siecle, & les titres de 1160. de 1175. & de 1192. la nomment tantôt *Dunikerca*, tantôt *Dunkerka*, & tantôt *Dunekerca*. La situation avantageuse de ce Hameau porta Baudouin le jeune Comte de Flandres à l'agrandir & à en faire une espece de petite Ville vers l'an 960. Il n'y fit faire qu'une simple muraille suivant l'usage de son tems. Robert de Flandres, dit de *Cassel*, qui avoit eu Dunkerque en appanage, y fit bâtir un Château en 1322. qui fut démoli par les Révoltez de Flandres. Robert de Bar qui hérita de lui à cause d'Yoland de Flandres femme d'Henry IV. Comte de Bar, y fit construire une nouvelle enceinte dont on voit encore les restes du côté du Port. Enfin Charle-quint y fit bâtir un Château en 1538. pour défendre le Port. Ce Château a été entierement démoli. Les Anglois s'en étant rendus les maîtres, le Marêchal de Termes les en chassa en 1558. La France la céda à l'Espagne par le Traité de Cateau-Cambresis. Le Duc d'Enguien qui fut ensuite connu sous le nom de Prince de Condé, l'assiégea sur les Espagnols en 1646. & malgré la vigoureuse défense que fit le Marquis de Leyde qui en étoit Gouverneur, cette Ville fut forcée de se rendre le 7. d'Octobre après dix-sept jours de siege. Les François garderent peu cette Ville après ce premier siége. Elle retomba entre les mains des Espagnols: mais le Marêchal de Turenne voulant la reprendre, en annonça le dessein par la fameuse bataille des Dunes, dans laquelle l'armée d'Espagne commandée par Dom Juan d'Autriche, fut défaite le 14. de Juin de l'an 1658. Le premier fruit de cette victoire fut la prise de Dunkerque qui se rendit le 23. du même mois après dix-huit jours de tranchée ouverte. Aussitôt que cette Ville fut prise, on la remit entre les mains des Anglois conformément au Traité fait avec eux. Quatre ans après, c'est-à-dire en 1662. le Roi acheta cette Ville du Roi d'Angleterre pour la somme de cinq milions; & Sa Majesté étant allée voir cette nouvelle acquisition, trouva de si grands défauts dans les fortifications, qu'elle jugea d'une absolue necessité de les refaire presque entierement. Dès l'année 1665. on commença par le Château, & l'on changea tous les dehors. Ce travail fut continué en 1671. par trente mille hommes que le Roi y employa. Il n'est pas croyable combien il y eut d'ouvrages élevez, & du côté de la mer, &

du côté de la terre ; combien de bastions revêtus, changez ou refaits ; on rasa plusieurs dunes qui dominoient la Place, & dont les sables étoient portez par les vents dans les canaux & dans les fossez. La Citadelle fut perfectionnée, le Fort Louis achevé ; & pour rétablir le port, on coupa un banc de sable de cinq ou si cens toises qui en fermoit l'entrée. Au lieu du canal de Mardick que les sables combloient, on fit un nouveau canal par où en tout tems pouvoient entrer & sortir des vaisseaux de guerre de soixante-dix piéces de canon. Ce canal étoit formé par deux jettées de charpente qui s'avançoient fort loin dans la mer. Ces jettées avoient mille toises de longueur chacune, & étoient éloignées l'une de l'autre d'environ quarante toises. A la tête de ces jettées étoient deux Châteaux de charpente, dont l'un étoit nommé *le Château verd*, & l'autre étoit *le Château de bonne esperance*. C'étoient deux bonnes batteries sur lesquelles on pouvoit mettre cinquante pieces de canon, & qui empêcherent les ennemis d'approcher assez près de Dunkerque en 1695. pour la bombarder ; car ils ne purent jamais soûtenir le feu de ces batteries. Ensuite à côté de ces jettées en allant vers la Ville on voyoit deux *Risban* ou Forts de maçonnerie. L'ancien Risban étoit à l'oueſt, & communiquoit par le moyen d'un pont de bois à la jettée qui étoit du côté de la Citadelle. Ce Fort avoit quelquefois juſqu'à trois ou quatre cens hommes de garniſon, & pouvoit porter ſur ſes remparts juſqu'à quarante-ſix pieces de canon en batterie. Le nouveau Riſban fut conſtruit en 1701. & ſa ſituation étoit par rapport à la jettée qui étoit à l'eſt, ce que celle de l'ancien étoit à la jettée de l'oueſt : mais il n'étoit pas auſſi grand que le premier. En allant toujours vers l'entrée du port l'on trouvoit vers le milieu de la jettée de l'eſt un petit Fort nommé *le Château gaillard*, & qui n'étoit proprement qu'une batterie : mais à la jettée de l'oueſt, & vis-à-vis du Château gaillard il y avoit un Fort conſiderable que l'on appelloit *le Cornichon*, ou *la batterie de revers*. C'étoit une eſpece de triangle qui avoit du côté de la mer un front de fortifications. Enſuite on trouvoit le havre, & puis un baſſin qu'on avoit creuſé, & qui pouvoit contenir pluſieurs vaiſſeaux de guerre & autres bâtimens.

La Ville étoit fortifiée à la maniere du Chevalier de Ville, flanquée de dix grands baſtions, & entourée de dix demi-lunes & d'un large foſſé. Le Roi avoit fait faire du côté de la campagne plusieurs ouvrages nouveaux, un nouveau faubourg qui servoit de logement aux Matelots, des cazernes magnifiques, un Arsenal de marine, & quantité d'autres bâtimens comme la corderie, & de belles écluses.

La Citadelle étoit une espece de pentagonne très-irrégulier, & étoit située au-delà du port. Elle faisoit face à une partie de la Ville, & en terminoit l'enceinte. Des bâtimens très-irréguliers formoient le corps de cette petite Place, & il n'y avoit de fossé & de chemin couvert que du côté de la mer. Plusieurs cavaliers les uns sur les autres défendoient la rade.

La Ville de Dunkerque a deux mille six cens quatre-vingt-onze toises de circuit, sans comprendre la basse Ville. Par un dénombrement qui fut fait en 1697. on trouva qu'il y avoit mille six cens quarante maisons, & treize mille deux cens habitans. Le Traité de paix conclu à Utreck changea entierement la face de Dunkerque, & diminua considerablement le nombre des habitans. Par ce Traité le Roi promit de faire raser les fortifications & combler le port; ce qui fut aussitôt exécuté. A cette Ville aboutissoient les canaux de Furnes, de la

Mœre, de Bergue, de Bourbourg, & *les Criques* ou *Crietes*, qui ſont des veſtiges de l'ancien canal de Mardick, & qui forment une eſpece de marais.

La grande Egliſe de *S. Jean* eſt la principale de Dunkerque, & les Voyageurs curieux ne manquent point d'y aller admirer un grand tableau de François Porbus qui repréſente pluſieurs ſujets de la vie de S. George.

Le Fort-Louis étoit ſur le canal de Bergue à une demi-lieue de Dunkerque. Il avoit été conſtruit en 1670. & étoit composé de quatre baſtions : mais il fut auſſi démoli en conſéquence du Traité d'Utreck.

Pour peu qu'un Voyageur ſoit curieux, & qu'il ſoit maître de ſon tems, il doit aller voir le canal de Mardick.

MARDICK eſt un amas de quelques chaumieres à une lieue & demie de Dunkerque, auquel quelques Géographes donnent cependant le nom de Bourg. Il étoit ſeulement connu à cauſe d'un Fort qui étoit à une lieue de ce Village ſur la côte, & qui étoit appellé le Fort de Mardick. Il ne reſte que des ruines de ce Fort, & cependant Mardick eſt devenu plus connu que jamais par le magnifique canal que Louis le Grand y fit faire les dernieres années de sa vie. Dès qu'on voulut commencer à exécuter le Traité d'Utreck, on s'apperçut d'abord qu'en comblant le port de Dunkerque, on exposoit dix lieues du pays des environs à être inondées ; on prit le parti de faire ce canal pour l'écoulement des eaux, & l'on forma un camp de vingt-cinq bataillons pour y travailler.

Ce nouveau canal commence à celui de Bergue auprès du Mail, & a environ trois mille toises de long, sçavoir quinze cens toises sur vingt-cinq ou trente de large depuis son commencement jusqu'au coude ; trois cens toises depuis le coude jusqu'à l'écluse ; trois cens toises sur vingt-cinq, & quarante de large depuis l'écluse jusqu'à la laisse de la haute mer ; & neuf cens toises sur quarante & cinquante de large depuis la laisse de la haute mer, jusqu'à la laisse de la basse mer. L'écluse est dans son espece le plus beau morceau qu'il y ait au monde. Elle a quarante-six toises de long sur vingt-trois toises quatre pieds de large en fondation, sans y comprendre les contreforts. Les deux bajoyers ou côtez de l'écluse ont chacun vingt-quatre pieds d'épaisseur, & la pile du milieu en a trente. Il y avoit deux passages dans cette écluse l'un de quarante-quatre pieds pour les gros vaisseaux & l'autre de vingt-six pieds pour les bâtimens ordinaires. Les avantages que la France auroit retirez de ce canal ayant été trop clairement reconnus par les Puissances maritimes, ont donné lieu à des Mémoires qui ont été plusieurs fois présentez aux Rois Louis XIV. & Louis XV. Il fut convenu par le Traité d'alliance conclu à la Haye le 4. de Janvier de l'an 1717. que le grand passage de l'écluse de Mardick sera détruit de fond en comble, en ôtant ses bajoyers, planchers, busques, longrines, traversines sur toute sa longueur, & en enlevant les portes dont les bois & la ferrure seront desassemblez. Par le même Traité on convint aussi que la petite écluse resteroit à l'égard de sa profondeur comme elle étoit, pourvû que sa largeur fût réduite à seize pieds au lieu de vingt-six qu'elle avoit pour lors.

Deuxiéme Route en passant par Amiens.

S. Denis.	2. l.
Escouen.	2. l.
Lusarches.	3. l.
Chantilli.	2. l.
Lingueville.	3. l.
Clermont.	2. l.

S. Juſt.	3. l.
Wavigni.	2. l.
Breteüil.	2. l.
Flers.	3. l.
Hebecourt.	2. l.
Amiens.	2. l.

S. DENIS, *Voyez ſa Deſcription cy-devant page* 156.

ESCOUEN, *Eſcuina*, *Iſcuina*, eſt un Bourg & un Château ſituez entre la Seine & l'Oiſe, & preſque à égale diſtance de ces deux rivieres. Le Château appartient aujourd'hui au Prince de Condé. Il conſiſte en quatre gros corps de bâtimens qui forment un corps quarré, aux angles duquel ſont quatre pavillons plus élevez d'un étage que le reſte de l'édifice. Dans leurs angles rent ans ſont des tourelles qui ſe terminent en cône. On voit au milieu de la principale face un corps avancé, orné en bas d'un peryſtile décoré d'un ordre dorique. Le ſecond ordre qui eſt audeſſus eſt ïonique, & forme trois arcades. Le troiſiéme eſt un attique, aux angles duquel ſont des termes ſortans de leurs guaines. Tout cela eſt terminé par un campanille, au pied duquel regne une baluſtrade. Au devant de cet édifice eſt une grande eſplanade en forme de terrasse, aux angles de laquelle sont deux petites guérites rondes qui forment la porte. La façade opposée présente aussi un avant-corps composé de deux ordres, l'un ïonique & l'autre corinthien. Il est terminé par un grand fronton triangulaire. La porte de la terrasse de ce côté là est décorée d'un avant-corps composé de deux ordres, le bas est dorique & l'autre ïonique, & le tout surmonté d'un petit pavillon quarré dont chaque face est ornée de trois pilastres & de deux arcades.

Ce fut le Connêtable de Montmorenci qui après avoir encouru la disgrace de François I. en 1542. fit bâtir ce Château. Par une allusion puerile & froide au nom d'*Escouen*, on a mis sur la principale porte l'avis qu'Horace donne à Dellius :

Æquam memento rebus in arduis
Servare mentem....

S. Just est un Bourg principalement connu par son Abbaye de l'Ordre de Prémontré.

CLERMONT, *Clarus mons*, Ville & Comté de Beauvaisis sur une montagne près de la riviere de Breche. Ce Comté a eu longtems ses Comtes particuliers. Catherine de Clermont fille ainée de

Raoul Connêtable de France, porta ce Comté à Louis Comte de Blois & de Chartres son mari. Thibaud, dit le Jeune, leur fils, étant mort sans posterité en 1218. Philippe-Auguste acquit le Comté de Clermont, que le Roi Louis VIII. donna ensuite en appanage à son frere Philippe Comte de Boulogne. Jeanne fille de ce dernier & de Mahaud Comtesse de Boulogne & de Dammartin sa femme, étant morte sans laisser de posterité en 1251. le Comté de Clermont retourna à la Couronne. S. Louis le donna à Robert de France son fils en le mariant à Beatrix de Bourbon fille unique & héritiere de Jean de Bourgogne, & d'Agnès de Bourbon, dont la posterité en a joui jusqu'au Connêtable de Bourbon sur lequel il fut confisqué à cause de félonie. Il est curieux de remarquer que S. Louis en donnant le Comté de Clermont à Robert son fils voulut que ses descendans fissent hommage à l'Evêque Comte de Beauvais pour plusieurs dépendances qui faisoient partie de ce Comté, tant qu'il ne seroit point uni à la Couronne. Louis & Jean de Bourbon firent cet hommage à l'Evêque Comte de Beauvais. La dévotion à S. Gengon Patron des bons maris, attire à Clermont un grand concours de peuple pendant l'octave de la fête de ce Saint, que l'Eglise célebre le onze du mois de May.

AMIENS étoit anciennement la Capitale des peuples appellez *Ambiani*, & l'est aujourd'hui de la Picardie. Elle est située sur la riviere de Somme, & cette situation lui avoit fait donner le nom de *Samaro-Briva*, c'est-à-dire *Pont sur la Somme*. Cette Ville est Episcopale & fort peuplée; car on y compte environ trente-cinq mille habitans. L'Eglise Cathédrale est sous le nom de Nôtre-Dame, & un beau bâtiment. Elle fut commencée l'an 1220. & achevée l'an 1269. Sa longueur est de trois cens soixante-six pieds sur quarante-neuf pieds neuf pouces de large, sans y comprendre les aîles ou bas côtez. Son élévation est de cent trente-deux pieds, & la croisée a cent quatre-vingt-deux pieds de long. La Nef est vantée comme un ouvrage achevé, & a deux cens treize pieds de long. On conserve plusieurs Reliques dans cette Eglise, entre autres le Chef de S. Jean-Baptiste qui (à ce qu'on dit) fut apporté de Constantinople en 1206. après la prise de cette Ville, par Walon de Sarton Gentilhomme Picard. Il y a dix Paroisses dans Amiens, une dans le fauxbourg, & plusieurs Maisons Religieuses. Les Célestins ont la plus belle maison de la Ville, & leurs revenus sont considerables. C'est ici l'endroit où S. Martin ayant rencontré un pauvre tout nud dans le tems le plus froid, il coupa son habit en deux, & en donna la moitié à ce pauvre. C'est pour conserver la mémoire de cet exemple de charité, que les Célestins ont fait élever, au milieu du Chœur de leur Eglise une colonne sur laquelle est une inscription qui nous apprend les circonstances de cette histoire.

Il y a cinq portes à Amiens & plusieurs Places publiques, parmi lesquelles celles *des Fleurs & du grand Marché* sont les plus belles. Trois bras de la Somme entrent dans cette Ville, & on les y passe sur autant de ponts. Les Remparts & le Mail sont des promenades fort agréables.

Fernand Teillo Gouverneur de Doulens surprit Amiens pour les Espagnols en 1597. par le moyen d'un chariot chargé de paille qu'il fit arrêter sur un des ponts, tandis qu'avec un sac rempli de noix qu'il fit répandre, il amusa la garde. Henry le Grand la reprit peu de tems après, & y fit bâtir une Citadelle. Deux de nos Rois ont reçu la Bénédiction Nuptiale dans Amiens. Philippe

Auguste lorsqu'il épousa Ingeburge sa seconde femme, fille de Valdemar I. du nom, Roi de Dannemarck, laquelle y fut couronnée; & Charles VI. lorsqu'il épousa Isabeau de Baviere. *Pierre l'Hermite*, *Jaques du Bois*, Médecin fameux, *Pierre de Miraulmont*, *Jean Riolan*, *Vincent Voiture*, *Jaques Rohaut*, *Michel Vascosan*, & *Charles du Fresne* Seigneur du Cange, étoient nez à Amiens.

En 1702. il se forma en cette Ville une Societé de personnes d'esprit & de sçavoir qui travaillent à mériter un jour le titre d'Academiciens.

Les armes de la Ville d'Amiens sont de gueules à un alizier d'argent, au chef d'azur semé de flêurs-de-lis d'or. Elles ont pour supports deux licornes au naturel, acornées & onglées d'or.

Pecquiny.	3. l.
Flixcourt.	2. l.
Ailli, le haut clocher.	2. l.
Abbeville.	3. l.
Nouvion.	3. l.
Bernay.	2. l.

Depuis Bernay, jusqu'à Dunkerque, la route est la même que celle du voyage précédent.

Pecquini ou *Picqueni*, est un gros Bourg

ſur la Somme, lequel a donné le nom à une ancienne & illuſtre Maiſon qui eſt éteinte depuis longtems. Ducheſne & quelques autres Ecrivains aſſurent que c'eſt ici que Guillaume ſurnommé *Longue Epée*, Duc de Normandie, fut tué par les menées de Thibaut le Tricheur Comte de Chartres. D'autres au contraire diſent que ce Prince fut tué à la chaſſe dans la Neuve-forêt en Normandie. Pecquini eſt connu auſſi dans l'Hiſtoire par une bataille qui s'y donna, & où les Anglois furent défaits.

J'ai donné dans la route précédente les deſcriptions d'Abbeville, de Montreuil, de Boulogne, de Calais, de Gravelines & de Dunkerque.

Troiſiéme Route en paſſant par *Liſle*.

Le Bourget.	2. l.
Louvres.	3. l.
La Chapelle en Serval.	3. l.
Senlis.	2. l.
Pont-Sainte Maixance.	3. l.
Le Bois de Lihu.	3. l.
Gournay.	2. l.
Cuvilli.	2. l.

SENLIS, *Silvanectum*, *Auguſtomagus*, *Silvanectæ*, *Silviacum*, dans Loup de Ferrieres, eſt ſur la riviere de Nonnette, & à deux lieues de celle d'Oyſe. Cette Ville eſt Epiſcopale, & *S. Regule* qu'on nomme aujourd'hui S. Rieul, en a été le premir Evêque. Le clocher de la Cathédrale eſt un des plus hauts de France, & ſurpaſſe en hauteur les plus hautes montagnes du pays; on le voit de 7. à 8. lieues de loin. Le portail qui eſt à l'aîle droite de cette Egliſe eſt eſtimé des curieux à cauſe d'un grand nombre de figures, dont il eſt orné depuis le haut juſqu'en bas, qui font un aſſez bel aſpect. La Cité, c'eſt-à-dire l'enceinte de l'ancienne Ville, eſt un morceau des Romains. L'on en voit encore de précieux reſtes qui marquent une ſolidité admirable. Il y a d'eſpace en eſpace un lit de fort groſſes briques, ſur lequel ont été jettées quantité de pierres brutes liées avec un ciment très-dur & d'une bonne conſiſtance.

L'on prétend que l'Egliſe Collégiale de S. Rieul a été bâtie ſur les débris d'un ancien Temple conſacré à Bereſynthe.

Le Château eſt un bâtiment du tems de S. Louis, & dans lequel ont été elevez quelques Enfans de France à cauſe de la ſalubrité de l'air. Aujourd'hui le Préſidial & les autres Juriſdictions de la Ville y tiennent leurs ſéances.

La Ville de Senlis est ovale, & est située sur le penchant d'une montagne, au pied de laquelle coûle la riviere. Elle est entourée de murailles & d'un fossé sec assez profond. Les bastions & demi-lunes sont en partie revêtus de pierre. Trois fauxbourgs en forment les dehors.

Senlis a eu des Comtes qui étoient de la Maison de Vermandois, mais Hugues Capet étoit proprietaire de cette Ville lorsqu'il monta sur le Trône, & il ne restoit que des Chevaliers nommez *Bouteillers de Senlis*, parcequ'ils avoient possedé cet Office sous leurs Comtes. Plusieurs de leurs descendans furent dans la suite Bouteillers de nos Rois, & porterent tous le nom *de Bouteiller* avec celui de *Senlis*.

Pont Sainte-Maixance est une petite Ville située sur la riviere d'Oyse, & qui est fort marchande.

Couchi-les-pots.	2. l.
Roye.	2. l.
Fonches.	2. l.
Marché-le-pot.	2. l.
Peronne.	3. l.
Sailli en Arroise.	3. l.
Ervillé.	4. l.
Arras.	3. l.

ROYE, *Roga*, *Roja*, que M. de Valois croit être le *Rodium* de la Table Theodosiene, est du Diocese d'Amiens, & étoit un poste fortifié qui fut pris par Hugues le Grand l'an 933. *Hugo munitionem nomine Raugam, tradentibus eam Heriberti custodibus, sine difficultate cepit*, dit Flodoard dans sa Chronique. Cette petite Ville a eu des Seigneurs de son nom qui tenoient un rang distingué non-seulement en Picardie, mais même dans le Royaume. Cette Maison est éteinte depuis plusieurs siecles.

PERONNE, *Perrona Veromanduorum*, *Peronna*, *Perunna Villa*, sur la riviere de Somme. Il paroît par la vie de sainte Radegonde que nos Rois y avoient un Palais *. Clovis II. donna cette Place à Erchinoald Maire de son Palais, qui y fit bâtir un Monastere pour des Moines Ecossois, dont S. Wltan neveu de S. Furcy fut premier Abbé. Le corps de S. Furcy fut porté dans l'Eglise de saint Pierre de Peronne, & cette Ville l'a pris pour son Patron. Cette Ville retourna au domaine de nos Rois après la mort d'Erchinoald. Heribert Comte de Vermandois s'en empara, & ce fut dans cette forteresse qu'il enferma Charles le Simple, qui y mourut le 7. d'Octo-

* V. Valois, *Notit. Galliar.*

bre de l'an 929. Cet exemple n'empêcha pas Louis XI. d'y aller trouver Charles le Hardi Duc de Bourgogne qui l'y retint prisonnier, & Louis XI. ne recouvra sa liberté qu'avec peine, & par l'entremise de Philippe de Commines. Le Comte Henry de Nassau ayant assiegé cette Place avec une puissante armée en 1536. la valeureuse résistance des habitans l'obligea de lever le siege. On la surnomme *la Pucelle*, parce qu'elle n'a jamais été prise. Elle est peuplée; car l'on y compte plus de dix-sept mille habitans, une Eglise Collégiale, trois Paroisses, & un College qui est dirigé par des Religieux de la Trinité. L'on remarque sur le Maître-Autel de l'Eglise Collégiale une Châsse dans laquelle sont les Reliques de S. Furcy.

L'enceinte de cette Place est petite, & les fortifications sont du Chevalier de Ville.

ARRAS, *Origiacum*, *Atrebatæ*, sur la riviere de Scarpe, est la Capitale de l'Artois, & est divisée en deux parties par un fossé, un rempart & une petite vallée ou passe le Grinchon. L'une de ces deux parties est nommée *la Cité*, & l'autre *la Ville*. L'Evêque est Seigneur de la Cité, & institue les Magistrats. L'Eglise Cathédrale est bien bâtie, & on y remarque principalement les croiſées, la ſtructure des piliers, & les fonts baptiſmaux. L'on peut lire ſur une des murailles du Chœur une inſcription qui marque que Philippe le Bel exempta de la Regale cette Egliſe l'an 1283. L'on conſerve auſſi dans cette Egliſe une ancienne Châſſe, dans laquelle on dit qu'il y a de la laine, qui ſelon une ancienne tradition autoriſée par S. Jérôme, tomba en Artois avec une pluye fort graſſe l'an 371. pendant une grande ſterilité, & elle engraiſſa tellement les terres, qu'elle fut nommée *Manne*, à l'exemple de celle dont Dieu nourrit ſon peuple dans le deſert. C'eſt en mémoire de cette protection qu'on fait une fête ſolemnelle tous les ans en action de graces, le ſecond Dimanche d'après Pâques.

Le grand Marché eſt remarquable par ſon étendue & par ſes beaux édifices, parmi leſquels eſt le palais du Gouverneur. La Place du petit Marché en eſt fort proche, & eſt décorée par la Maiſon de Ville & par celles des plus riches Marchands. La Chapelle de *la ſainte Candelle* eſt au milieu de cette Place. Une tradition qui ſubſiſte depuis l'an 1105. aſſure que cette chandelle fut aportée par la Sainte Vierge pour guérir les habitans d'Arras d'un feu ardent qui les consumoit. Cette Relique est dans une Châsse d'argent qui est un présent de Mathilde Comtesse d'Artois.

L'Eglise de S. Wast est fort belle, très-haute & très-éclairée. Les chaires du Chœur sont d'un travail admirable, & ne méritent pas mois d'attention que son pavé & son Jubé. On y voit aussi plusieurs tombeaux, entre autres celui du Roi Theodoric son fondateur. L'épitaphe qui est sur cet ancien mausolée est conçue en ces termes :

Rex Theodoricus ditans ut verus amicus
Nos ope multimoda, jacet hic cum conjuge Doda
Regis larga manus, & Præsul Vindicianus
Nobis Regale dant, & jus Pontificale.
In decies nono cum quinquagies duodeno
Anno, defunctum sciet hunc qui quatuor addet.
Qua legis hac horâ, dominum pro Regibus ora,
Muneribus quorum stat vita dei famulorum.

Le luttrin ou pupitre est une piece qui arrête les curieux. C'est un arbre d'airain que deux Ours de même matiere soûtiennent. Ils ſont dreſſez ſur leurs pattes de derriere ; & il y a de petits Ours qui ſemblent grimper autour de cet arbre où ils ſont repréſentez en différentes poſtures. Le carillon de cette Egliſe eſt remarquable par les différens airs qu'il joue d'une maniere également juſte & agréable ; mais ce qui mérite le plus d'attention eſt la nombreuſe Bibliotheque de cette Abbaye.

La Ville & la Cité d'Arras ſont entourées chacune d'une vieille muraille où il reſte encore pluſieurs tours rondes à l'antique, & la porte ſur laquelle étoit l'inſcription que les habitans d'Arras y avoient fait mettre avant que Louis XI. eut pris cette Ville. Voici cette inſcription :

Quand les Rats mingeront les Cas,
Le Roi ſera Seigneur d'Arras ;
Quand la mer qui eſt grande & lée
Sera à la Saint-Jean gelée,
On verra pardeſſus la glace
Sortir ceux d'Arras de leur place.

Cette enceinte a été fort réparée par le Maréchal de Vauban, qui y a ajoûté pluſieurs baſtions, & quantité de nouveaux ouvrages dans le foſſé. Ce foſſé eſt large, des plus profonds qui ſe voyent

& très-bien revêtu. On y remarque des *lunettes* à la Vauban, qui sont les premiers ouvrages de cette espece qui ont été inventez par cet excellent Ingénieur. Elles consistent en une demi-lune triangulaire couverte de deux demi-contregardes séparées l'une de l'autre par un fossé. Il y a encore un grand ouvrage à corne du Marêchal de Vauban. Cet ouvrage couvre un des bastions, & est retranché nonseulement sur les aîles par deux demi-lunes, mais la gorge est encore couverte d'une demi-lune. La porte d'eau est couverte par un ouvrage à corne vieux & mal construit. Le fossé de la Place est accompagné d'un chemin couvert à l'ordinaire avec son glacis. Au-delà de ce glacis sont plusieurs redoutes de figure pentagonale placées dans les angles rentrans. Elles ont chacune leur fossé, chemin couvert, & glacis particuliers.

La Citadele est un peu plus élevée du côté de la campagne que du côté de la Ville. Elle est de moyenne grandeur, mais une des plus fortes du Royaume. Sa forme est un pentagonne allongé dont l'enceinte a été réparée par le Marêchal de Vauban. Elle est composée de cinq bastions, d'autant de demi-lunes, de quatre tenaillons placez dans les courtines, & d'une fausse braye qui couvre le front du côté de la Cité. Tous ces ouvrages sont enveloppez d'un bon fossé dans lequel passe l'Escarpe, ou du moins un bras tiré de cette riviere. Ce fossé est sec du côté de la campagne. Toute la Place a son chemin couvert, ses places d'armes & son glacis. Une partie de la Ville est environnée d'un terrein bas & fort susceptible d'une grande inondation.

François Baudouin naquit à Arras le premier Janvier 1520. C'étoit un bel Esprit qui fit de grands progrès dans les belles Lettres & dans la Jurisprudence. Il professa cette derniere à Bourges pendant sept ans, puis à Strasbourg, à Heidelberg, à Douay, à Besançon, à Paris & à Angers. C'est de cette derniere Ville que Henry III. qui venoit d'être élû Roi de Pologne, le fit venir auprès de lui à Paris, & le mit au nombre de ses Conseillers d'Etat. Baudouin se disposoit à suivre ce Prince en Pologne, lorsqu'il mourut au College d'Arras à Paris le 24. d'Octobre de l'an 1573.

Lens.	4. l.
Pont à Vendin.	2. l.
Lisle.	5. l.
Warneton.	3. l.

Ypres.	2. l.
La Kenoque.	3. l.
Furnes.	3. l.
Bergue S. Vinox.	5. l.
Dunkerque.	1. l. 3. q.

Lens ſur le Souchet, eſt une petite Ville qui a environ quatorze cens habitans, & ſon Bailliage cent huit Communautez. Quelques-uns croyent que c'eſt l'*Elena* de Sidonius Apollinaris. Cette Ville eſt principalement connue dans l'Hiſtoire par la mort du Marêchal de Gaſſion qui y fut tué pendant qu'il l'aſſiégeoit en 1647. & par la victoire que le Prince de Condé y remporta ſur les Eſpagnols en 1648.

LISLE, *Iſla* dans les anciens titres, a commencé par un Château & quelques maiſons que Baudouin Comte de Flandres fit fermer de murailles l'an 1046. Cette Ville eſt aujourd'hui nonſeulement la Capitale de la Flandre Gallicane, mais encore de toutes les Conquêtes du Roi dans les Pays bas, depuis que Sa Majeſté y a établi la réſidence du Gouverneur général. Elle eſt ſituée dans un terrein gras & marécageux & dans un eſpace qui eſt plus long que large, & qui a une lieue de tour; elle renferme environ six mille maisons & cinquante mille habitans. Les vieilles maisons ne sont bâties que de bois, mais les nouvelles sont de pierre & de brique, & font un fort bel aspect. On trouve dans cette Ville divers Tribunaux & Cours de Justice. Le Roi en ayant fait la conquête en 1667. la fit fortifier de nouveau, & l'augmenta de plusieurs belles & grandes rues. Celle qu'on nomme *la rue Royale*, est la plus considerable. L'Eglise de *S. Etienne* est une des Paroissiales, & est située sur la grande Place. *S. Pierre* est une Collégiale située dans la rue qui porte son nom. On compte dans cette Ville environ cinquante Eglises, dont il y en a sept de Paroissiales. Il y a aussi plusieurs beaux Monasteres. *L'Hôpital Comtesse* est magnifique, & les malades y sont servis en vaisselle d'argent. L'on entre dans la Ville de Lisle par sept portes, sans compter deux portes d'eau, dont l'une est pour la haute Deule, & n'est pas éloignée de la porte de la Barre; l'autre est pour la basse Deule. Toutes ces portes sont magnifiques & ornées de sculptures. L'enceinte de cette Ville est fort irréguliere, & a été réparée par le Maréchal de Vauban qui y a ajoûté plusieurs bastions & autres ouvrages. L'augmentation de la

Ville eſt couverte d'une nouvelle enceinte ajoûtée à la vieille. Elle eſt compoſée de quatre grands baſtions. Sur le premier front du côté de la Citadelle, lequel contient la porte S. André qui eſt couverte d'une demi-lune avec ſon réduit, eſt un grand baſtion avec ſa courtine. Le baſtion qui ſuit a deux cavaliers revêtus l'un ſur l'autre. Le baſtion eſt couvert d'un grand ouvrage à corne, dont le front eſt couvert d'une demi-lune. La courtine ſuivante a un tenaillon de terre, & eſt couverte d'une demi-lune. Le baſtion d'après a dans ſon centre un grand corps de cazernes. La courtine comprend la porte d'eau, & eſt coupée par deux grands batardeaux pour ſoûtenir le paſſage de la ſortie de la Deule. Cette porte eſt couverte par un grand ouvrage appellé *Lunette*, compoſé d'une demi-lune à flancs, & de deux demi-contregardes qui couvrent chacune de ſes faces : le tout ſéparé par un petit foſſé, & enfermé d'un autre. On trouvera enſuite un baſtion qui enferme un magazin & un moulin. La courtine eſt couverte par un tenaillon à flanc irrégulier. Dans ſon foſſé eſt une demi-lune ; & voilà en quoi conſiſte la nouvelle enceinte.

Quant à la vieille, on rencontre d'abord un baſtion irrégulier qui n'eſt composé que de deux flancs & d'une face. Dans la courtine est la porte de la Madeleine, qui est couverte d'un ouvrage à corne, retranché non-seulement par une demi-lune double, mais aussi par deux demi-lunes. Le front de cet ouvrage est couvert par une petite demi-lune revêtue. On voit ensuite un petit bastion ancien où il y a un moulin à vent. Le front est couvert par une double demi-lune. La porte *S. Maurice* est dans la courtine qui vient après, qui est couverte par une petite demi-lune ancienne. Le bastion suivant est petit, & contient deux corps de cazernes. La courtine est couverte d'un petit ouvrage de terre, dans lequel est le jardin appellé *de la Contrescarpe*. Après cette courtine est une plateforme à la maniere du Chevalier de Ville. De cette plateforme à l'angle flanqué, regne une grande muraille, le long de laquelle sont trois grands corps de cazernes nouvellement bâtis. Ensuite est une espece de petit bastion. Sur la courtine est la porte de *Fives* couverte d'une petite demi-lune, & au devant est une fausse braye à la maniere du Chevalier de Ville. Le bastion d'après a une ancienne porte bouchée & un moulin à vent. Ce bastion a été bien réparé par le Marêchal de Vauban. La courtine est couverte par une demi-lune avec un réduit. Le bastion qui suit est petit, & audessus s'éleve un cavalier de terre. Il est couvert d'un ouvrage à corne à la Vauban, dont le front est encore couvert d'une petite demi-lune. Après le bastion, dont le grand front est le réduit de S. Sauveur, est un grand bastion retranché par la gorge. Son front du côté de la Ville est couvert d'une petite demi-lune qui défend la porte. Au dedans est une Chapelle & des corps de cazernes. Ce bastion est couvert d'une contre-garde, & entre deux est une demi-lune. La porte *des malades* est dans la courtine suivante; elle est couverte par une demi-lune & son réduit. Le bastion qu'on rencontre ensuite est grand, & a été réparé par le Marêchal de Vauban. Il est chargé d'un cavalier revêtu, & couvert d'un ouvrage à corne dont le front est défendu par une petite demi-lune. De là à la porte de *Nôtre-Dame* l'enceinte est fort irréguliere, & composée de plusieurs redans. Cette porte est sur une courtine dont les deux extrémitez sont occupées par deux petits bastions irréguliers, & est couverte d'une demi-lune avec son réduit. La courtine suivante est couverte d'une petite demi-lune, & dans le bastion qui suit est une petite hauteur appellée *le Calvaire*. De ce baſtion à la Citadelle l'enceinte eſt irréguliere, & compoſée de pluſieurs lignes droites qui forment des angles rentrans & ſaillans. Sur la plus longue de ces lignes eſt la Porte *de la Barre* qui eſt couverte par une petite demi-lune. Enfin cette enceinte qui eſt fermée par la Citadelle, eſt entourée d'un large foſſé plein d'eau, accompagné d'un chemin couvert revêtu & d'un petit glacis, au-delà duquel eſt en pluſieurs endroits un petit avant-foſſé.

La Citadelle eſt la plus belle qu'il y ait en Europe, & la premiere que le Maréchal de Vauban ait fait conſtruire. Sa figure pentagonale, compoſée de cinq baſtions réguliers, & au devant de chaque courtine eſt un tenaillon de terre. Chaque front eſt défendu d'une demi-lune revêtue avec ſon réduit. La grand-Place eſt entourée d'un triple rang d'arbres; on y trouve une Egliſe, la maiſon du Gouverneur & pluſieurs corps de cazernes. Elle eſt entourée d'un bon foſſé qui communique par un ſeul endroit à celui de la Place, & qui eſt entouré d'un chemin couvert avec ſon glacis. On entre dans cette Citadelle par deux portes: celle du côté de la Ville ſe nomme *la Porte Royale*, & celle qui eſt du côté de la campagne *la porte du Secours*. Au-delà du glacis eſt un avant-foſſé qui communique à celui de la Place. Il eſt auſſi accompagné de ſon chemin couvert & de ſon glacis. Dans cet avant-foſſé du côté de la campagne ſont ſept demi lunes de terre placées dans les angles rentrans. Cette Citadelle eſt couverte d'un côté par un grand retranchement en forme de digue, & par un foſſé plein d'eau. A la tête, du côté de la Deule, eſt une grande redoute quarréee appellée *de Cantellet*. Elle eſt couverte de deux demi-lunes, & défend le retranchement & l'entrée de la Deule dans la Place. Cette riviere ſert d'avant-foſſé à la derniere enceinte de la Citadelle. Elle entre dans la Ville proche la porte de *Nôtre-Dame*, & eſt enſuite coupée par une grande écluſe à la porte *de la Barre*. Depuis cet endroit là juſqu'à la porte *Nôtre-Dame*, le retranchement eſt accompagné de pluſieurs redoutes de terre. L'eſplanade qui eſt entre la Citadelle & la Ville, eſt plantée de quatre rangs d'arbres qui font une très-agréable promenade. Malgré l'excellence de toutes ces fortifications, & la vigoureuſe réſiſtance que fit le Marêchal de Boufflers, la Ville & la Citadelle de Liſle furent priſes ſur la fin de l'an 1708. par l'armée des Ennemis qui étoit commandée par le Prince Eugene de Savoye & par Mylord Duc de Marleborouck. L'on assure que ce Siege coûta au Ennemis dix-huit mille hommes de leurs meilleures troupes, & plus de seize millions. Cette Place fut rendue à la France par le Traité d'Utreck en 1713.

Warneston que les Flamands appellent *Wasten*, est une petite Ville sur la Lys, qui a appartenu aux Maisons de Bar, de Luxembourg, de Cléves, de Nassau & d'Autriche. Quoiqu'elle appartienne aujourd'hui à cette derniere Maison en propriété & souveraineté, néanmoins par le Traité de la Barriere les Etats Généraux des Provinces-Unies ont la garde de Warneston, & y ont garnison.

YPRES est une Ville Episcopale située sur un ruisseau appellé *Yper*, qui lui a donné son nom. Ce ruisseau grossi par plusieurs autres forme un canal qui va à Nieuport, & par le moyen duquel & d'un autre qu'on prend à Bergue, on va par eau à Dunkerque; mais pour cet effet il faut se rendre par terre au *Sas de Bousingue* qui est à cinq quarts de lieues d'Ypres. Cette Ville fut fondée par le Comte *Baudouin Bellebarbe* vers l'an 1000. Quoiqu'elle ne fut d'abord fermée que de bois & de gazon, ses habitans s'accrurent si considerablement à cause de ses Manufactures de draps, qu'en 1313. ils massacrerent leur Magistrat. Elle souffrit beaucoup pendant les guerres de Flandres du quatorziéme siecle, & les murailles qui l'enferment ne furent commencées qu'en 1388. Cette Ville a souffert différens siéges en divers tems. Louis le Grand la prit en 1678. & elle lui fut cedée par le Traité de paix conclu à Nimegue la même année. Le même Prince la céda à la Maison d'Autriche par les Traitez de paix de 1713. & 1714. mais par le Traité de la Barriere la garde en a été confiée aux Hollandois qui y ont garnison.

Ypres étoit du Diocese de Terouenne, mais quelque tems après la destruction de cette derniere le Pape Paul IV. érigea à la sollicitation de Philippe II. un Evêché en cette Ville. *Cornelius Jansenius* né à *Leerdam* en Hollande a été un des Evêques d'Ypres. Il fut sacré en 1636. & mourut de la peste l'an 1638. C'étoit un Prélat d'une grande vertu, mais il a laissé un Livre sur la grace intitulé *Augustinus*, qui a causé de grands troubles dans l'Eglise.

L'Eglise Cathédrale d'Ypres n'a rien de remarquable, mais le Palais de l'Evêque est une maison moderne & bien bâtie. L'Hôtel de Ville & les fortifications de la Place méritent l'attention des Voyageurs.

La Kenoque est un Fort considerable bâti sur le bord du canal que forme *l'Yper*, & qui conduit à Nieuport. Il a été cedé à la Maison d'Autriche, & est à la garde des Hollandois par le Traité de la Barriere.

Furnes que les Flamans nomment *Wurnes*, est une Ville & Place située sur le bord du canal qui va à Nieuport, dans un terrein marécageux, & qu'on peut facilement inonder. Cette Place fut cédée à la France par le Traité d'Aix-la-Chapelle en 1668. & à la Maison d'Autriche par ceux d'Utreck & de Baden en 1713. & 1714. Par le Traité de la Barriere Furnes est à la garde des Hollandois.

BERGUES S. VINOX est une Ville & Place située sur la riviere de *Colme*, au pied d'une montagne qui étoit nommée *Groemberg*, c'est-à-dire *la montagne verte.* Baudouin *à la Bellebarbe* Comte de Flandres, y ayant transferé les Moines de S. Vinox qui étoient à Wormhout, l'on nomma cette Ville *Bergh. S. Vinox*. Elle fut cédée à la France par le Traité d'Aix-la-Chapelle en 1668. & Louis le Grand la fit bien fortifier. Cette Place a mille huit cens vingt-huit toises de circuit, & est fort irréguliere. L'on y entre par quatre portes sans compter la porte d'eau ni quelques poternes. La Ville eſt fort mal bâtie ; les rues ſont irrégulieres & mal percées ; & il y a trois Places aſſez vilaines. Il y a dans Bergues pluſieurs Egliſes dont les plus remarquables ſont celle de l'Abbaye, celle de S. Martin, laquelle eſt Paroiſſiale, & celle des Jéſuites qui ont ici un College. Cette Ville eſt coupée par pluſieurs canaux, particulierement le quartier *ſaint Martin* qui eſt preſque entouré d'un canal qui eſt une eſpece de cercle parfait. La petite riviere de Colme paſſe auſſi au travers d'un des quartiers de la Ville. On compte dans Bergues environ ſept cens ſoixante-huit maiſons & trois mille cens ſoixante-quinze habitans. L'enceinte de la Place conſiſte en une vieille muraille & pluſieurs tours rondes à l'antique, diſtribuées particulierement aux portes, à chacune deſquelles il y a deux de ces tours. Par la porte *d'eau* l'on en fait entrer beaucoup dans la Ville, au moyen de divers canaux qu'on y a pratiquez. La ſortie de ces eaux eſt remarquable à cauſe d'une grande écluſe que l'on y voit, & qui eſt couverte d'un ouvrage en forme de pâté. Le reſte de l'enceinte de la Place eſt formé par trois grands baſtions nouvellement conſtruits. Les courtines des deux fronts qui forment cette nouvelle enteinte, sont couvertes de deux fausses brayes en forme de tenaillons. Ces tenaillons sont d'une construction toute particuliere; car les flancs sont partagez en deux, en un flanc couvert & en un épaulement. Autour de cette nouvelle enceinte regne une grande berme. Le fossé n'est pas des plus larges. On y a placé plus de dix-sept demi-lunes, parmi lesquelles l'on remarquera celle qui est à la porte de Cassel, couverte d'un ouvrage à corne irrégulier, dans lequel est un magazin. La plûpart de ces ouvrages sont de la construction du Marêchal de Vauban, aussi-bien que le chemin couvert & le glacis. Plusieurs beaux canaux viennent se rendre à Bergues, entre autres celui de Dunkerque. A la portée du canon de cette Ville sont placez deux petits forts ou redoutes; l'un est appellé *le Fort Lapin*, & l'autre *le Fort Suisse*. Ils consistent l'un & l'autre en une redoute quarrée, entourée d'un double fossé. La campagne peut être innondée depuis le Fort Suisse jusqu'au canal de Dunkerque. A une lieue de Bergues il y a un Fort qui en dépend, & qu'on nomme *le Fort S. François*. Il est sur le canal de Dunkerque, & est composé de quatre bastions.

Voyez la description de Dunkerque dans le premier de ces trois derniers Voyages.

Voyage de Paris à Valenciennes.

L'On fait ce voyage, ou en ſuivant la route de Liſle juſqu'à Peronne, ou en paſſant par Saint-Quentin.

Dans le voyage précédent j'ai donné la route qu'on tient juſqu'à Peronne, & j'ajoûterai ſeulement ici que de Peronne l'on va à

Nurlu.	2. l.
Mets en Couture.	2. l.
Cambray.	4. l.
Ahpe.	4. l.
Valenciennes.	3. l.

CAMBRAY, *Camaracum Nerviorum*, *Cameracum*, *Urbs Cameracenſis*, Ville Archiepiſcopale, ſituée dans une plaine ſur le bord de l'Eſcaud dont un bras coupe même le bas de la Ville en pluſieurs endroits. L'on y entre par quatre différentes portes qui viennent de Peronne, de Douay, d'Arras & de Valenciennes. Les fauxbourgs que l'on trouve hors de ces portes n'ont rien de remarquable, & les maiſons n'y ſont bâties que de terre. Les rues de la Ville ſont mal percées &

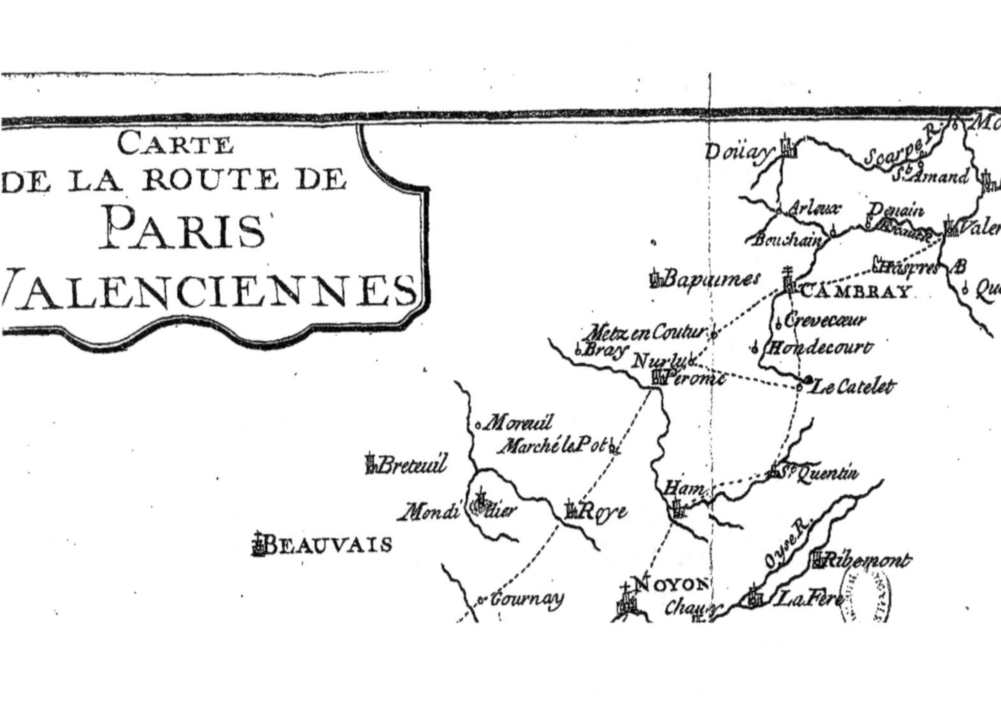
CARTE
DE LA ROUTE DE
PARIS
VALENCIENNES
Doüay
Scarpe R.
St. Amand
Arleux
Denain
Bouchain
Valenci
Bapaumes
CAMBRAY
Quenoy
Metz en Coutur
Bray
Crevecœur
Hondecourt
Nurlu
Peronne
Le Catelet
Moreuil
Marché le Pot
Breteuil
St. Quentin
Ham
Mondidier
Roye
BEAUVAIS
Oyse R.
Ribemont
NOYON
Gournay
Chauny
La Fere

peu régulieres. Il y a une Place d'armes magnifique, au bout de laquelle est *la Maison de Ville* qui est d'une architecture passable. Le Voyageur ne manque pas d'y remarquer deux statues Moresque de hauteur naturelle. Elles ont à la main chacune un gros marteau dont elles frappent les heures sur un grand timbre. On appelle ces deux figures *Martin* & *Martine* de Cambray. L'esplanade qui est entre la Ville & la Citadelle, est des plus vastes & des plus belles qu'il y ait dans toute la Flandres. L'Eglise Cathédrale est un assez beau vaisseau; mais les dedans en sont bas & obscurs. Sa flêche est singuliere pour sa hauteur & pour sa construction. Elle est toute à jour, & sans charpente, ni fer qui la soûtienne. Les cloches sont le plus bel unisson qui soit en Europe. La Chapelle de *Nôtre-Dame de Graces* est fort en réputation chez les Flamands à cause d'une copie du tableau peint par S. Luc qui est à Rome. Quoiqu'on n'expose cette Image qu'aux fêtes de la Vierge, néanmoins on y trouve en tout tems un grand concours de pelerins. Outre l'Eglise Cathédrale il y a deux Collégiales, huit Paroisses, & quinze Maisons Religieuses. Le bâtiment de l'Abbaye du S. Sepulcre est d'une excellente architecture. Il y a deux

Hôpitaux pour les malades bourgeois ou militaires. Cette Ville est peu peuplée, & l'on n'y voit presque que des Prêtres, des Moines, & quelques Marchands de toiles. L'on n'y voit de bâtiment considerable que l'Archevêché. L'emplacement en est des plus beaux, & feu M. de Fenelon y a fait reparer deux grand corps de logis. Cette Ville est une grande Place dont la forme est une espece de quarré long, fortifiée d'une vieille enceinte flanquée de plusieurs tours rondes à l'antique. Cette enceinte est couverte par plusieurs ouvrages avancez, construits par le Marêchal de Vauban. Ce sont plusieurs demi-lunes & un grand ouvrage à corne qui couvre une des portes, qui est retranché d'une demi-lune. Le front de cet ouvrage est encore couvert d'une autre demi-lune. Il reste encore à cette Place deux anciens ouvrages à couronne qui couvrent deux des principales portes & qui sont du Chevalier de Ville. Le tout est accompagné d'un fossé & d'un chemin couvert revêtu à la maniere du Marâchal de Vauban.

La Citadelle est à l'Orient, & est une des meilleures de l'Europe. Elle fut bâtie en 1543. par ordre de l'Empereur Charle-quint sur un terrein un peu élevé, & que l'on nommoit auparavant *le Mont aux bœufs*. C'eſt un quarré parfait compoſé de quatre grands baſtions avec des caſemattes. Le Marêchal de Vauban l'a bien fait réparer. Il y a ajoûté trois grandes demi-lunes, & a fait revêtir le foſſé & le chemin couvert. Il y a fait auſſi élever pluſieurs cavaliers, tant dans les baſtions qu'aux gorges. Aux environs de cette Place l'on a conſtruit pluſieurs redoutes, tant quarrées que pentagonales, dans des marais où l'on peut faire une grande inondation du côté du bas.

L'on remarquera entre Cambray & Bouchin les veſtiges d'un vieux camp Romain que les gens du pays appellent *le Camp de Céſar*. Ce reſte d'antiquité eſt ſi peu marqué, que l'on peut dire qu'il n'exiſte que dans la mémoire & dans la tradition.

Au reſte l'Archevêque de Cambray ſe qualifie Comte de Cambreſis, Duc de Cambray, & Prince du Saint Empire. Son Archevêché vaut environ cent cinquante mille livres de rente.

VALENCIENNES, *Valentinianæ*, *Valentianæ*, *Villa Valentiana*, dans Eginard. Cette Ville étoit déja connue au commencement du cinquiéme ſiecle ſous l'Empire d'Honorius; ce qui prouve qu'elle doit ſon nom à Valentinien I. ou à Valentinien II. ſon fils, qui régna trois ou quatre ans dans les Gaules. L'Escaud traverse cette Ville, & y devient navigable. Le Roi s'en rendit maître l'an 1677. & elle lui fut cedée l'année suivante par le Traité de Nimegue. La situation de Valenciennes est très-commode par l'abondance des eaux qui sont portées par de petits canaux dans plusieurs maisons particulieres. Cette Ville est d'ailleurs sur un terrein un peu penchant, & sa figure est ronde. Elle renferme quatre ou cinq mille maisons, & environ vingt-cinq mille habitans. Les rues sont étroites, mal percées & toutes tortues, en sorte que c'est proprement un labyrinthe. Son enceinte est fort irréguliere, composée en partie d'une vieille enceinte qu'on a réparée, & sur laquelle le Marêchal de Vauban a fait construire plusieurs grands bastions. Quelques-uns de ces bastions sont surmontez de grands cavaliers ; & même il y en a qui en ont deux l'un sur l'autre. Le Marêchal de Vauban a fait encore construire deux grandes contregardes, l'une desquelles sert de retranchement à un ouvrage à corne qui est lui-même couvert d'une demi-lune. Plusieurs demi-lunes sont placées en différens endroits de la Ville, surtout vis-à-vis des Portes. Il reste encore deux ouvrages à corne que le Marêchal de Vauban

ban a fait réparer & couvrir chacun d'une demi-lune.

La Citadelle est une des plus irrégulieres que l'on puisse voir, & est divisée en trois parties. L'ancienne Citadelle a été réparée par le Maréchal de Vauban. Autour regne un fossé plein d'eau. A mi-côte de la hauteur qui commande cette Citadelle s'éleve un grand ouvrage qui fait la seconde partie & qui est retranché d'un pâté environné d'un fossé plein d'eau. Cet ouvrage est couvert par la troisiéme partie qui est un grand ouvrage à couronne qui est tout-à-fait sur la hauteur, & est de la construction du Maréchal de Vauban. Ces trois parties se commandent l'une l'autre. Les deux fronts de cet ouvrage à couronne sont couverts chacun d'une demi-lune, & le tout est environné d'un fossé sec, aussi-bien que les ouvrages qui l'accompagnent, & qui consistent en une demi contregarde couverte d'une lunette. Tout cela est accompagné de son chemin couvert & de son glacis. Plusieurs redoutes quarrées & pentagonales sont placées aux environs de cette Place. Elles sont belles & bien revêtues, entre autres une qui est dans l'Escaud, & qui est de figure circulaire.

Deuxième Route par S. Quentin.

Louvres.	6. l.
Senlis.	4. l.
Verberie.	3. l.
Compiegne.	4. l.
Noyon.	5. l.
Ham.	4. l.
S. Quentin.	5. l.
Le Catelet.	4. l.
Cambray.	4. l.
Appé.	4. l.
Valenciennes.	4. l.

VERBERIE, *Verinbrea Villa publica*, *Verimbria*, *Vermeria*, *Vurembria*, est un Bourg assez considerable sur l'Oyse, dont l'Eglise Paroissiale est desservie par un Religieux de la Trinité ou Rédemption des Captifs. L'on y tint un Concile sous le Regne de Pepin. L'on y en tint un autre l'an 853. & un troisiéme l'an 869.

COMPIEGNE, *Compendium*, au confluent des rivieres d'Oyse & d'Aisne, fut d'abord bâtie par les Romains ou par les Gaulois, que les Francs appelloient quelquefois *Romains*. Elle étoit déja connue sous le nom de Ville Royale du tems des enfans de Clovis, & il n'y a presque pas eu de Rois des premieres races qui n'y ait passé quelque acte important, ainsi qu'on peut le voir dans la Diplomatique du Pere Mabillon & dans le Spicilege de Dom Luc d'Acheri. Je remarquerai seulement ici qu'on y tint un Concile l'an 757. & que Louis le Débonnaire y fut déposé en 833. Charles le Chauve la fit rebâtir en 876. & voulut que de son nom elle fût appellée *Carlopolis*, Charleville. Le même Prince fit bâtir hors de la Ville un Château auquel il donna pour terrein tout ce qui s'étend depuis la porte de Pierrefond jusqu'à une borne qu'on voit encore près du confluent de l'Oyse & de l'Aisne. Il fit ensuite bâtir un autre Château sur le bord de l'Oyse près le faubourg *S. Germain*, dont les jardins étoient dans une petite Isle. Ce dernier Château a subsisté jusqu'au Regne de S. Louis qui fonda dans cette Isle l'Hôtel-Dieu qu'on y voit encore aujourd'hui. Ce même Roi donna l'ancien Château aux Religieux de S. Dominique, & leur y fit bâtir un grand Monastere & une belle Eglise. Il reste encore quelques vestiges de ce Château aux murailles de leur Cloître. S. Louis fit bâtir ensuite un nouveau Château dont il ne reste que la Chapelle & la grande salle. Louis XI. l'augmenta de l'appartement qui joint à la grande salle des Suisses. François I. fit faire la principale porte avec les tourelles qui sont aux côtez. Le Connétable de Montmorency fit bâtir l'appartement qui joint la porte qu'on nomme *le Connêtable*, & les armes de sa Maison sont en relief sur la muraille. Louis le Grand a fait rétablir toute la façade des bâtimens qui regnent le long de la terrasse, & a fait mettre les jardins dans l'état où ils sont présentement. Ce même Prince fit aussi construire le grand escalier, le jeu de paume, & fit enfin décorer cette Maison Royale de tous les ornemens qu'elle a.

Ce fut aussi Charles le Chauve qui en 876. fonda sur ses propres terres l'Abbaye de S. Corneille où il fit bâtir une des plus superbes Eglises de son tems sous l'invocation de S. Corneille. A peine cette Eglise fut-elle achevée, que ce Prince y mit cent *Clercs* pour la desservir, & que selon le Martyrologe d'Adon il y fit apporter le Corps de S. Cyprien qui étoit en dépôt dans l'Eglise de Lion, & le Corps de S. Corneille. Il y fit transporter aussi d'Aix-la-Chapelle toutes les Reliques que Charlemagne y avoit mises, & entre autres *le saint Suaire de Nôtre-Seigneur.* Les lettres de l'Abbé Suger nous apprennent que de son tems l'on croyoit, & l'on disoit publiquement que les Reliques de ces deux Martyrs reposoient dans cette Eglise. Les Bénédictins assurent qu'elles y sont encore : cependant *Pamelius* dit avoir vû dans l'Eglise Collégiale de Ronce Diocese de Gand, une Châsse avec cette inscription : *Les os de S. Corneille & de S. Cyprien décapitez pour la Foi, sont dans cette Châsse.* Quant au *saint Suaire*, lorsqu'il approcha de la Ville, le Clergé & les habitans allerent le recevoir à un demi quart de lieue, & l'on bâtit depuis une Chapelle en cet endroit, laquelle fut appellée *du saint Signe*, c'est à-dire du saint Suaire. C'est à présent un Hermitage où l'on porte tous les ans en Processions cette Relique, le Mercredi d'après Pâques. Une Charte de Philippe I. Roi de France nous apprend que ce Prince fit mettre le saint Suaire & les autres Reliques de Jesus-Christ que Charles le Chauve avoit données à l'Eglise de S. Corneille, dans une Châsse d'or enrichie de pierres précieuses, & donnée par Mathilde Reine d'Angleterre, au lieu qu'auparavant elles étoient gardées dans un vase d'yvoire. Cette Châsse fut ouverte en 1516. & le 15. Août 1628. Le Procès verbal de cette derniere ouverture nous fait connoître *le saint Suaire. C'est*, dit-il, *un linge qui paroît si ancien, qu'à grande peine peut-on discerner la qualité de l'étoffe, ayant en longueur deux aulnes, & un peu plus qu'une aulne de largeur, coffiné, faisant plusieurs replis.... Les liqueurs & onguens aromatiques le rendent plus épais que les linges communs, & empêchent que l'on ne puisse discerner la couleur ni l'étoffe, estimée par la plûpart des assistans être de cotton ou fin lin tissu, façon de toile de damas.* Au reste la magnifique Eglise que Charles le Chauve avoit fait bâtir, fut brûlée sous le Regne de Charles le Simple. Louis II. dit le Begue, mort en 879. Louis V. mort l'an 987. Hugues le Grand mort en 1026. Roi de France, & Jean de France Dauphin de Viennois, & le quatriéme des fils de Charles VI. ont été inhumez dans l'Eglise de l'Abbaye de S. Corneille. Henry III. ayant été assassiné à S. Cloud l'an 1589. son corps fut porté & mis en dépôt dans cette Eglise où il reposa jusqu'en 1610. qu'il fut transporté à S. Denis.

Il n'y a que deux Paroisses dans Compiegne, S. Jaques & S. Antoine. Saint Clément est un Chapitre composé d'un Doyen & de six Chanoines, dont les Canonicats valent deux cens livres de revenu. Ce Chapitre fut fondé l'an 919. par Frederine femme du Roi Charles le Simple. Les Jésuites s'établirent à Compiegne l'an 1656. Ils y ont un College, une pension du Roi de trois mille livres à prendre sur les ventes ordinaires de la forêt, & la Chapelle de *Nôtre-Dame de Bonne Nouvelle*, qui est sur la porte de Pierrefond, & qui vaut environ mille huit cens livres de revenu. Il s'est tenu dans cette Ville plusieurs Conciles & Assemblées Ecclésiastiques és années 757. 833. 1185. 1201. 1277. & 1329.

Le Roi Charles VI. assiégea Compiegne, & la prit sur le Duc de Bourgogne l'an 1415. Quinze ans après elle fut assiegée par ce même Duc; ce que Jeanne d'Arc ayant appris, elle partit de Lagny, & alla se jetter dans la Place: mais quelques jours après ayant été prise dans une sortie, Jean de Luxembourg qui commandoit l'armée du Duc de Bourgogne, la vendit aux Anglois, & elle eut le sort que tout le monde sçait. Enfin l'armée de Charles VII. étant venue au secours l'an 1431. les Bourguignons furent obligez de lever le siege. Cette Ville est fortifiée de murailles, de demi-lunes & de bastions. Elle a cela de singulier que depuis Clovis jusqu'à présent, elle n'est point sortie du Domaine Royal.

La forêt de Compiegne s'appelloit autrefois la forêt de Cuise, *silva Cotia*; mais quoique le Village de *Cuise* subsiste toujours entre Compiegne & Soissons, il y a cependant plusieurs siecles que la forêt porte le nom de Compiegne. Elle contient vingt-neuf mille arpens, & est très-propre pour la Chasse.

NOYON, *Noviomagus Veromanduorum*, Ville du Gouvernement de l'Isle de France, située sur la petite riviere de Verse qui se jette à un quart de lieue de là dans l'Oyse. Cette Ville est très-ancienne, mais elle étoit peu de chose dans l'antiquité, & ne devint Episcopale que par la ruine d'*Augusta Veromanduorum*; car pour lors l'Evêque se retira à Noyon. Il est *Comte* & *Pair* de France, & suffragant de Reims. Cette Ville est passablement grande, & contient environ quatre mille cinq cens habitans. C'est la patrie de Jean Cauvin qui changea son nom en celui de *Calvin*, & dont l'hérésie a fait des playes si funestes à l'Eglise. *Antoine le Conte* Professeur en Droit à Bourges

& grand Juriſconſulte étoit auſſi de Noyon. François I. & Charles d'Autriche, qui fut depuis Empereur, y conclurent un Traité le 16. d'Août de l'an 1516. Cette Ville fut pluſieurs fois priſe & repriſe du tems de la Ligue, & ſe rendit enfin à Henry le Grand le 18. d'Octobre de l'an 1594.

HAM, *Hammus*, eſt une petite Ville du Dioceſe de Noyon, & la premiere qu'on rencontre dans le Vermandois en quittant l'Iſle de France. Elle eſt ſur la *Somme* dans une plaine, au milieu d'un marais ſur lequel elle domine, & qui pourroit contribuer à la rendre une des plus fortes Places de la Province. Il y a Châtellenie, Vicomté, Gouvernement, qui s'étend ſur plus de trente Villages, Etat Major, un Bailliage qui eſt devenu Royal depuis l'avenement de Henry IV. à la Couronne, une Mairie établie avant l'an 1188. un Château bâti & fortifié par Louis de Luxembourg connu ſous le nom de Connêtable de S. Paul, vers l'an 1470. Il y a une groſſe tour ronde dont les murs ont trente-ſix pieds d'épaiſſeur, & laquelle en a cent de diametre & autant de haut. Il y a trois Paroiſſes dans Ham; Saint Pierre, Saint Martin & Saint Sulpice. Avant l'an 876. Ham étoit la Capitale d'un pays appellé *le Hamois*. Elle a eu longtems des Seigneurs de son nom, dont le dernier mourut avant l'an 1374. Depuis ce tems cette Seigneurie a passé successivement dans les Maisons de Couci, d'Enguien, de Luxembourg, de Rohan, de Vendôme, de Navarre, &c. & fut réunie à la Couronne lorsqu'Henry IV. devint Roi de France. Depuis l'an 1645. elle est par engagement dans la Maison de la Porte-Mazarin.

S. QUENTIN, *Castrum sancti Quintini*, petite Ville située sur une éminence qui a d'un côté la riviere de Somme, & de l'autre une vallée presque toute escarpée, si ce n'est du côté de la porte Saint Jean où l'on a élevé un bastion & quelques demi-lunes. Sous l'Empire de Constance une Dame Romaine appellée *Eusebe*, découvrit le corps de S. Quentin dans la Somme, & voulut le faire transporter dans la Ville *Augusta Veromanduorum*; mais le Corps du Saint devint si pesant, qu'on fut obligé de le laisser dans l'endroit où elle l'avoit trouvé. Dieu fit tant de miracles sur le tombeau de ce Saint, que les fideles y jetterent les fondemens d'une Ville qui est devenue telle qu'on la voit aujourd'hui. On voit par ce récit que S. Quentin n'est pas l'*Augusta Veromanduorum*, mais c'est ſur les ruines de cette derniere que fut fondée l'Abbaye de *Vermand* qui n'eſt pas à la vérité éloignée de S. Quentin. Cette Ville fut priſe par les Eſpagnols en 1557. & rendue par le Traité de Cateau-Cambreſis l'an 1559. Il y a dans S. Quentin une Egliſe Royale & Collegiale, dont le Chapitre eſt composé d'un Doyen & de cinquante-ſix Chanoines. Le Roi en eſt premier Chanoine, & confere toutes les Prébendes.

Le Catelet eſt une petite Ville ſituée vers les ſources de l'Eſcaud, ſur les frontieres du Hainault & du Cambreſis. Les Eſpagnols la prirent en 1557. & la rendirent deux ans après. Elle fut encore repriſe dans le ſiecle dernier, & rendue par le Traité des Pyrenées en 1659. Ses fortifications furent raſées en mil ſix cens ſoixante-quatorze.

J'ai donné les deſcriptions de Senlis, de Cambray & de Valenciennes dans la route précédente, à laquelle le Voyageur ou le Lecteur peut avoir recours.

Voyage de Paris à Rouen, à Dieppe & au Havre.

IL y a peu de Voyages pour lesquels il soit aussi aisé de trouver des voitures que pour celui-ci ; car on peut aller de Paris à Rouen, ou par le carrosse public, ou par la poste, ou sur des chevaux de louage, ou par eau, à peu de chemin près qu'on fait par terre, pour éviter la longueur des détours que fait la riviere de Seine.

Premiere Route de Paris à Rouen.

S. Denis.	2. l.
Franconville.	2. l.
Pontoise.	3. l.
Le Bourdeau de Vigni.	4. l.
Magny.	3. l.
S. Clair.	2. l.

On peut voir la description de S. Denis ci-dessus.

PONTOISE, *Pontisara*, *Æsiæ Pons*, *Brivaisura*, dans Antonin ; *Brivaisara*, dans les Tables itineraires ; *Briva*, dans Grégoire de Tours. Cette Ville a pris son

T. 2. page 224.

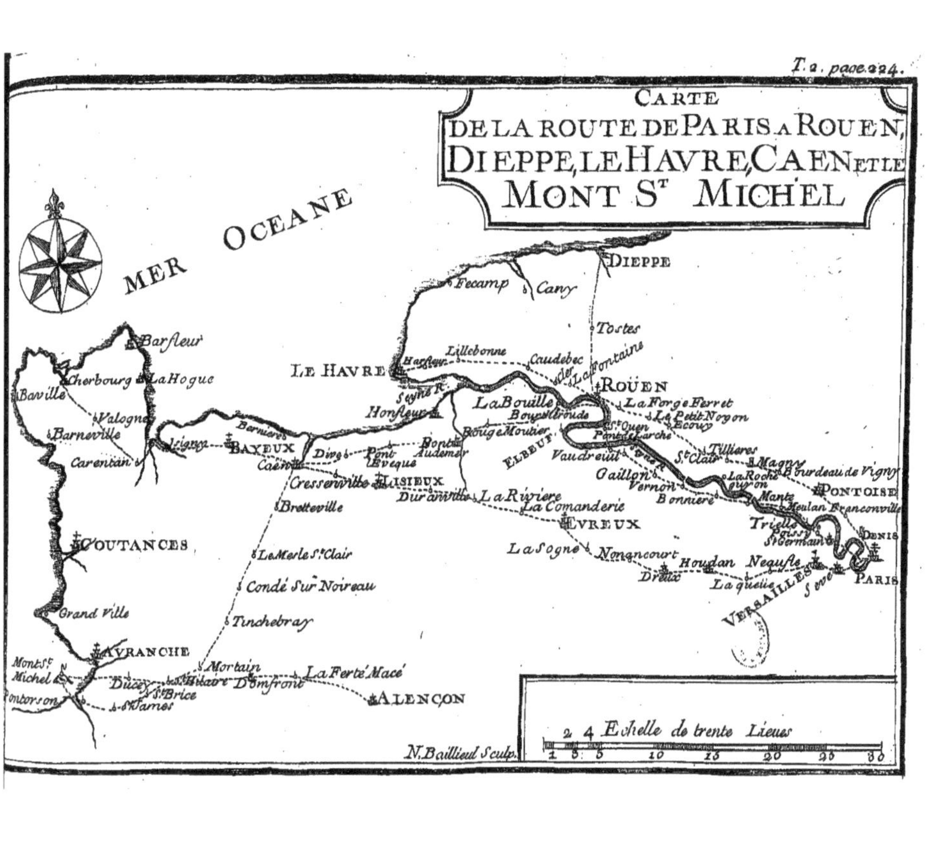
CARTE
DE LA ROUTE DE PARIS A ROUEN, DIEPPE, LE HAVRE, CAEN ET LE MONT S.T MICHEL
MER OCEANE
DIEPPE
Fecamp
Cany
Tostes
LE HAVRE
Lillebonne
Caudebec
ROUEN
Honfleur
La Bouille
BAYEUX
Caen
LISIEUX
EVREUX
COUTANCES
AVRANCHE
ALENCON
Barfleur
Cherbourg
La Hogue
Valogne
Barneville
Carentan
Bretteville
Condé sur Noireau
Tinchebray
Mortain
La Ferté Macé
Domfront
Grand Ville
Vernon
Gaillon
Mante
PONTOISE
DENIS
PARIS
VERSAILLES
Houdan
Nonancourt
Dreux
Echelle de trente Lieues
N. Baillieul Sculp.

nom du pont qui est en cet endroit sur la riviere d'Oyse. Outre cette riviere il y en a une autre moins considerable appellée *la Vionne*, qui traverse la Ville avant que de se jetter dans l'Oyse. Le Château commande la Ville. L'on voit dans son avant-cour l'Eglise Collégiale de *S. Mellon*, fondée par Philippe le Bel l'an 1286. pour dix Chanoines, dix Chapelains & autres Officiers. Dans la Ville sont les deux Paroisses *de saint Maclou* & *de saint André*. Le Couvent des Cordeliers est aussi dans la Ville. Il étoit auparavant hors des murs, mais il fut rasé du tems des guerres des Anglois. Les Cordeliers vinrent pour lors s'établir dans l'endroit de la Ville où il y avoit une petite Chapelle qui portoit le nom de saint Jaques, & qui dépendoit des Religieux de saint Martin des Champs de Paris. Dans leur Eglise fut inhumé le cœur de George d'Amboise Cardinal, Archevêque de Rouen. Pontoise fut prise d'assaut sur les Anglois par l'armée de Charles VII. le 16. de Septembre de l'an 1442. Les Etats Généraux y furent assemblez en 1561. Le Parlement de Paris y fut transferé le 31. de Juillet 1652. & le 21. de Juillet 1720. Le pont est de pierre, & composé de douze arches. La Paroisse de S. Ouen de l'Aumône n'eſt ſéparée de la Ville que par ce pont.

Magny eſt une autre petite Ville du Vexin à quatorze lieues de Paris, & à égale diſtance de Rouen. L'Egliſe Paroiſſiale porte le nom *de Nôtre-Dame*. Les Cordeliers ont un Couvent dans cette Ville. Il y en a auſſi un de Bénédictines, un d'Urſulines, & un Hôtel-Dieu. L'Election de Magny eſt de la Généralité de Rouen.

Saint-Clair eſt un Bourg ſur la riviere d'Epte & du Vexin François. Il doit ſon origine & ſon nom à la retraîte, au martyre & aux miracles de S. Clair. Son tombeau & ſes Reliques ſont dans l'Egliſe Paroiſſiale. En ſortant de ce lieu pour aller à Giſors, l'on rencontre un Hermitage où l'on voit une figure de ce Saint à genoux, & un peu à côté eſt une fontaine de l'eau de laquelle on ſe lave les yeux par dévotion. Ce lieu eſt connu dans nôtre Hiſtoire pour avoir ſervi à une entrevûe de Charles le Simple Roi de France, & de Rollon Chef des Normands vers l'an 912. Ils y conclurent un Traité de paix par lequel le Roi céda à Rollon la portion de la Neuſtrie qui s'étend depuis la riviere d'Epte juſqu'aux frontieres de la Bretagne, & même la mouvance de la Bretagne, comme Charles le Simple en jouissoit. Le Comte de Broglio & le Prieur de S. Clair sont aujourd'hui Seigneurs de ce Bourg. Au reste la riviere d'Epte sépare ici le Vexin Normand du Vexin François.

Tillieres.	2. l.
Escoui.	4. l.
Bourbaudouin.	3. l.
La Forge-Feret.	3. l.
Rouen.	2. l.

TILLERES OU TILLIERES, *Tegulariæ*, gros Bourg du Diocese d'Evreux, sur la riviere d'Aure. Cette Seigneurie appartient à des Seigneurs du nom de *le Venneur*, dont la Maison est une des plus illustres de Normandie. Le Château est sur une éminence, & est accompagné d'un beau jardin soûtenu par de fortes terrasses. François I. érigea cette Seigneurie en Comté.

Escoui ou *Ecouis*, est un gros Bourg dans lequel on remarque une jolie Eglise Collégiale dont le Chapitre est composé d'un Doyen, de douze Chanoines, de quatre Chapelains, & de six Enfans de Chœur. Cette Eglise est bâtie en croix, & son portail est décoré de deux hautes tours, dans l'une desquelles sont deux grosses cloches du poids de huit & de dix milliers. L'un des Chanoines fait les fonctions Curiales dans une des Chapelles. Dans cette Eglise on lit l'inscription qui suit : *L'an* 1310. *Enguerand Ecuyer, Sieur de Marigni, Comte de Longueville, & Chambellan du Roi Philippes, du consentement de sa femme Allipide, institua & fonda en l'Eglise Paroissiale d'Ecouis un College de Chanoines pour y chanter tous les jours le divin Service, & il est inhumé dans cette Collégiale.* L'on y voit aussi le tombeau de Pierre de Marigni Archevêque de Rouen. Tout le monde sçait le sort d'Enguerand de Marigni qui fut pendu à Montfaucon le 30. d'Avril 1315. Son corps fut d'abord inhumé dans l'Eglise des Chartreux & transporté dans celle d'Ecouis l'an 1326. Sa femme Allipide dont il est parlé dans l'inscription que je viens de rapporter, se nommoit *Alips de Mons*, & ayant été accusée de sortilege contre la personne du Roi, fut detenue en prison depuis la mort de son mari jusqu'au 28. Janvier 1325.

ROÜEN, *Rotomagus*, *Rothomagus*, sur la Seine, Ville Archiépiscopale, & la Capitale de Normandie. Les Ecrivains sont fort partagez sur l'origine du nom de cette Ville. Le faux Berose dit que *Magus* fils & successieur de Samothes premier Roi des Gaules, jetta les fondemens de la Ville de Rouen, & la fit appeller de son nom, qui en langue Celtique signifioit *Edificateur*. Mais pourquoi ajoûta-t-on *Roto* à *Magus?* D'autres veulent que *Rhomus* fils d'Allobrox dix-septiéme Roi des Gaulois ayant rétabli & agrandi cette Ville, voulut qu'on mêlât son nom à celui du fondateur, & que des deux en changeant quelques lettres on fit *Rotomagus*. Camden dérive le nom de Rouen de *Rith*, qui en vieux Gaulois signifie *un gué* ou *passage de riviere* : mais comme le remarque M. Huet, il faudroit que cette Ville eut été d'abord nommée *Rithomagum*, & ensuite *Rothomagum*. D'ailleurs n'y ayant point de gué à Rouen, on ne peut soûtenir cette étymologie qu'en disant qu'il y avoit *un bac*. D'autres prétendent que ces premieres syllabes *Rotho* ont été prises du nom d'une idole appellée *Rhot* ou *Rothon*, qui étoit adorée dans cette Ville. Pas un de ces sentimens ne me paroît aussi vraisemblable que celui qui veut que le nom de *Rotomagus* ait été composé des deux premieres syllabes de *Rotobeccum*, qui est le nom Latin de la petite riviere de Robec, & de *Magus* ou *Magum*, qui en langue Celtique signifie *une Ville*. On a donc nommé cette Ville *Rotomagus*, c'est-à-dire *la Ville de Robec.*

La situation de la Ville de Rouen est basse & enfoncée sur le bord de la Seine, entourée de trois côtez de montages fort hautes & fort escarpées, n'ayant que le seul côté de la riviere qui soit ouvert. Cette Ville n'a d'autre enceinte qu'une muraille avec des tours à l'antique & des bastions irréguliers pour défendre les portes qui sont du côté de la terre. Ces portes & celles qui sont sur le quay n'ont rien de remarquable, excepté la porte *du bac* qui donne sur la riviere auprès du pont, laquelle est un excellent morceau d'architecture, décoré de plusieurs pilastres enrichis des armes de France & de Navarre, & de divers ornemens de sculpture.

Alain Chartier dit que de son tems il y avoit trois Forteresses à Rouen; *Le Palais*, *le Châtel* ou *le Fort Sainte Catherine*, & *le Pont.* Le vieux Palais fut commencé en 1419. aussitôt qu'Henry V. Roi d'Angleterre se fut rendu maître de la Ville de Rouen, & fut achevé sous le Regne d'Henry VI. son fils l'an 1443. C'est un Château à l'antique, & presque de nulle défense, de cinq grosses tours rondes, avec un pont-levis; le tout environné d'eau. Il n'a plus aujourd'hui aucune garnison, quoiqu'il ait un Gouverneur particulier.

Comme cette Ville est fort peuplée, & qu'elle n'est pas fort vaste, les rues en général en sont petites & étroites. On y compte trente-six Paroisses, plusieurs Hôpitaux, trente-cinq fontaines, & trois petites rivieres, qui sont *l'Aubette*, *le Robec* & *la Renelle*. Cette derniere a été nommée *Renella* selon M. de Valois, de la quantité de grenouilles qu'on y voit & qu'on y entend, & n'est qu'un conduit d'eau tiré du réservoir d'une des fontaines de la Ville, accordé aux Tanneurs par les anciens Ducs de Normandie. Quoique Thomas Corneille fut de Rouen, il n'a pas laissé de se tromper quand il a dit dans son Dictionnaire Géographique que l'une de ces rivieres remplit les fossez de cette Ville.

La Cathédrale, les Eglises de S. Ouen & de S. Maclou sont parfaitement belles. La Cathédrale est bien bâtie, élevée, &c. La sonnerie est le plus bel unisson qu'il y ait dans le Royaume. Il y a une cloche nommée *George d'Amboise*, qui est seule dans une grosse tour qu'on appelle *la tour de Beurre*. Cette cloche fut fondue par Jean le Masson natif de Chartres, le 2. d'Août de l'an 1501. Elle pese trente-six mille livres, a trente pieds de tour par bas, dix pieds de diametre & dix pieds de haut. On ne la ſonne que tous les vingt-cinquiémes des mois, qu'on chante un Obit pour le Cardinal George d'Amboiſe qui la donna pendant qu'il étoit Archevêque de Rouen. On voit dans cette Egliſe les mauſolées de pluſieurs Rois, Prélats, & Seigneurs. Le cœur de Charles V. Roi de France eſt dans un ſépulcre de marbre noir & blanc élevé de quatre pieds au milieu du Chœur. Ceux d'Henry III. & de Richard I. Roi d'Angleterre & Ducs de Normandie ſont aux deux côtez du Maitre-Autel. Celui de George d'Amboiſe eſt dans la Chapelle de la Vierge; Il eſt de marbre blanc, & enrichi d'une infinité d'ornemens. Au haut ſont deux figures à genoux qui repréſentent les deux Cardinaux d'Amboiſe, l'oncle & le neveu. A l'extrémité du côté gauche de la croiſée on voit un eſcalier de pierre avancé dans l'Egliſe, lequel conduit à la Bibliotheque. Elle a été formée de celles de pluſieurs particuliers, qui à l'exemple de *Pierre Acarie*, ont donné leurs livres à cette Egliſe. Jean le Prevôt qui a été un des Bibliothéquaires, eſt celui qui a le plus travaillé à l'enrichir. Il étoit ſi attaché à cette Bibliotheque, qu'il souhaitta d'être inhumé au pied de l'escalier qui y conduit. Elle est ouverte au Public tous les jours, excepté les Dimanches, les Fêtes, les Jeudis, & le mois d'Octobre.

Le Parvis ou *Aitre* est une grande Place quarrée qui est devant le portail de cette Eglise, & au milieu de laquelle est une fontaine en forme de tour qui jette de l'eau de quatre côtez par autant de tuyaux.

S. Maclou est une grande Paroisse dont l'Eglise est un chef-d'œuvre d'architecture. Les portes en sont d'une sculpture parfaite, & représentent plusieurs de nos Mysteres.

S. Ouen est une fameuse Abbaye de Bénédictins Réformez. L'Eglise est d'une architecture gothique, & l'on reconnoît assez par la beauté & la hardiesse de l'ouvrage qu'elle a été construite dans le tems que cette maniere de bâtir étoit dans sa plus grande perfection. Il y a devant cette Eglise une Place plus grande, mais moins réguliere que celle de la Métropole. Le Palais Abbatial a été bâti par Antoine Boyer Abbé de S. Ouen, Archevêque de Bourges, & Cardinal. C'est ici que logent les Rois, les Reines, &c. lorsqu'ils sont à Rouen.

Nôtre-Dame de la Ronde est une Eglise Collégiale & Paroissiale, dont le Doyen est Chef du Chapitre & Curé de la Paroisse. Les connoisseurs estiment une statue de la Vierge qui est au grand portail de cette Eglise, & l'Ange de cuivre qui est au milieu du Chœur, & qui sert de double lutrin.

L'Eglise de *S. Etienne des Tonneliers* est une des plus propres de la Ville, & son Clergé est d'un desintéressement qu'on ne peut assez louer ; car on n'y prend jamais rien pour les enterremens, ni pour l'administration des Sacremens. Les riches & les pauvres y sont traitez également.

L'Eglise de S. Godard s'appelloit anciennement *Nôtre-Dame*. S. Godard Archevêque de Rouen y ayant été enterré, & y ayant fait un grand nombre de miracles, elle prit son nom. On y voit le tombeau de *S. Romain* qui est d'une seule pierre de jaspe qui a sept pieds & demi de long sur deux pouces deux pieds de large. Les vitres de cette Eglise sont très-estimées, tant pour le dessein que pour la vivacité des couleurs.

Le College des Jésuites est un des plus considerables de France & a été fondé par le vieux Cardinal de Bourbon.

Le Séminaire *de Joyeuse* est dans l'enceinte de la Paroisse de S. Godard, & a été fondé par le Cardinal de Joyeuse Archevêque de Rouen pour trente pauvres Ecoliers Clercs. Il est dirigé par les Jésuites.

Rouen renferme dans ses murailles plus de soixante mille ames. Il y a plusieurs Places publiques, parmi lesquelles il y en a sept principales qui sont *la vieille Tour*, *le vieil Marché*, *la Calende*, *la petite Harangerie du pont*, *le Marché neuf*, *le Marché aux veaux*, *& le Marché aux chevaux* appellé *la Rougemare.*

La Place *de la Vieille Tour* a pris son nom d'une vieille tour qui faisoit autrefois partie du Château des Ducs de Normandie qui fut démoli sous le Regne de Philippe Auguste l'an 1204. On a bâti en la place de la vieille Tour une Chapelle quarrée ouverte de tous côtez, qui porte le nom de S. Romain, où tous les ans le jour de l'Ascension un Criminel leve la *Fierte* ou Châsse de ce Saint pour acte de sa délivrance.

Le Marché aux veaux est une Place remarquable par la mort de Jeanne d'Arc surnommée *la Pucelle d'Orléans.* On y voit une grande fontaine fort ornée. Trois grosses colonnes placées en triangle soûtiennent une plateforme, dont les angles portent une figure montée sur de hautes consoles. Au milieu est une grande figure de la Pucelle, accompagnée encore de trois autres colonnes, audessus desquelles on voit quelques figures & ornemens terminez par une lanterne.

Le Palais où le Parlement tient ses séances, a été bâti dans une Place appellée *le Clos des Juifs*, qui fut réunie au domaine lorsqu'ils furent chassez de France en 1181. Ce Palais fut commencé en 1499. & fut en état de recevoir le Parlement en 1506; cependant il n'étoit pas encore entierement achevé en 1508. *La Grand-Chambre* est ornée de riches compartimens & de culs de lampes dorez & portez en l'air. *La Salle des Procureurs* a cent soixante pieds de long sur cinquante de large, sans être soûtenue d'aucuns piliers. La cour en est spacieuse, & est ornée de boutiques de Libraires.

Le Pont de Rouen est d'une structure singuliere, étant de batteaux joints ensemble, pavé par dessus, se haussant & se baissant avec le flot de la mer. Il est cependant incommode, parce qu'il est d'un grand entretien, & que d'ailleurs on est presque tous les ans obligé de le démonter, pour empêcher que les gla-

ces.

ces n'en emportent une partie. Ce Pont fut construit en 1626. Il a deux cens soixante-dix pas de long, & donne passage dans le grand faubourg de S. Sever où l'on trouve *le Mail* qui est d'autant plus beau qu'il est parfaitement droit. Après qu'on a passé le Pont, en prenant à gauche, l'on rencontre le Cours qui est un des plus beaux de l'Europe.

Il y avoit autrefois un Pont de pierre à Rouen qui fut bâti par ordre de la Princesse Mathilde mere de Henry II. Roi d'Angleterre. Il avoit soixante-quinze toises de long, & étoit composé de treize arches : mais l'an 1502. le deux d'Août à deux heures après midi, trois arches de ce pont tomberent en ruines. L'an 1533. deux autres arches eurent le mêmes sort; & en 1564. quelques-unes de celles qui restoient s'étant entr'ouvertes, il n'y eut plus de sûreté à y passer. On voit par ce qui en reste qu'il étoit trop haut & trop étroit. La place la plus propre pour épargner la dépense, si on en vouloit bâtir un nouveau, seroit la pointe de l'Isle; mais il seroit beaucoup plus commode dans l'endroit où étoit l'ancien.

Les voyageurs curieux des Cérémonies extraordinaires, doivent se trouver à Rouen le jour de l'Ascension pour voir *lever la Fierte*, c'est-à-dire la Châsse de S. Romain. Cette Cérémonie est fondée sur le droit * qu'a l'Eglise de Rouen de délivrer un Criminel & ses complices tous les ans le jour de l'Ascension. Quinze jours avant l'Ascension le Chapitre de la Cathédrale députe quatre Chanoines au Parlement, à la Cour des Aides & au Bailliage, afin que depuis ce jour là jusqu'à ce que le privilege ait eu son effet, aucun des criminels qui sont detenus dans les prisons de la Ville & des fauxbourgs ne soit transferé, mis à la question, ni executé. Après le Lundi des Rogations le Chapitre nomme deux Chanoines Prêtres qui se transportent avec leur Greffier qui est aussi Prêtre, dans les prisons pour y entendre les confessions des criminels qui prétendent au privilege, & par là recevoir leurs dépositions sur le crime dont on les accuse. *Le jour de l'Ascension* sur les sept heures du matin, le Chapitre composé seulement des Chanoines Prêtres, s'assemble pour l'élection du Criminel qui doit être délivré. Après avoir invoqué le S. Esprit & fait serment de garder le secret, on fait lecture des confessions des Criminels, lesquelles sont brûlées dans le lieu même, aussitôt que l'élection du

* On peut voir l'origine de ce privilege dans la Description de la France.

Criminel est faite. Le même jour sur les neuf heures du matin les Présidens & les Conseillers du Parlement revêtus de leurs robes rouges se rendent dans la grand-salle du Palais pour y assister à une Messe solemnelle qui est célébrée par le Curé de S. Lo. Après la Messe ils vont dans la grand-chambre dorée où on leur sert un magnifique dîner. Vers les deux heures le Chapelain de la Confrérie de S. Romain va en surplis, aumusse & bonnet quarré, porter au Parlement le billet de l'élection que le Chapitre a faite d'un prisonnier detenu pour crime. Sur cela la Cour ordonne à deux Huissiers d'aller avec le Chapelain de la Confrérie de S. Romain prendre le Criminel dans la prison. Ils le conduisent au Parlement où il est mis sur la selette. Ayant été interrogé, & ses informations ayant été raportées, il est condamné au supplice que mérite son crime; puis en vertu du Privilege, sa grace lui est donnée, & il est livré entre les mains dudit Chapelain de S. Romain, qui le conduit nue tête à la Place de la vieille Tour, où la Procession étant arrivée, l'Archevêque assisté du Célébrant, du Diacre, du Soudiacre & de quelques Chanoines, monte au haut du perron avec eux & avec les deux Prêtres qui portent *la Fierte* ou Châsse de S. Romain, laquelle étant posée sous une arcade sur une table décemment ornée, l'Archevêque, ou en son absence le Chanoine célébrant, fait une exhortation au Criminel qui est à genoux tête nue, lui représente l'horreur de son crime & l'obligation qu'il a à Dieu & à saint Romain, aux mérites duquel il doit sa délivrance. Il lui ordonne ensuite de dire le *Confiteor*, puis lui met la main sur la tête, & dit le *Misereatur* & l'*Indulgentiam :* enfin lui fait mettre sur les épaules un bout de la Châsse, & la lui fait un peu élever. Après cela on lui met une couronne de fleurs blanches sur la tête, & la Procession retourne à l'Eglise de *Nôtre-Dame* le Prisonnier portant la Châsse par la partie anterieure. La Procession étant rentrée, on dit la Grand-Messe, quoiqu'il soit cinq ou six heures du soir. L'Archevêque, les Dignitez & les Chanoines font successivement une exhortation au Prisonnier qui est ensuite conduit en la Chapelle de S. Romain où il entend la Messe. Après cela l'on le mene à la Vicomté de l'Eau où l'on lui donne la collation, & de là chez le Maître ou Bâtonnier de la Confrérie de S. Romain où il soupe & où il couche. Le lendemain sur les huit heures du matin il est conduit par le Chapelain dans le Chapitre où le Pénitencier ou un autre Chanoine lui fait encore une exhortation après laquelle il le confesse, & enfin lui fait jurer sur le Livre des Evangiles qu'il aidera de ses armes Messieurs du Chapitre toutes & quantes fois qu'il en sera requis. Ainsi finit cette Céremonie, & le Prisonnier est renvoyé absous & libre.

Pierre Bardin de l'Académie Françoise, *Samuel Bochart*, *Piere Corneille*, *Thomas Corneille* son frere, *Emeric Bigot*, *Nicolas le Tourneux*, *le P. Noel Alexandre* Dominicain, & *M. de Fontenelle* ont fait honneur à Rouen leur patrie par leur esprit ou par leur sçavoir.

Deuxiéme Route de Paris à Rouen.

S. Germain en Laye.	4. l.
Poissi.	1. l.
Trielle.	1. l.
Meulan.	2. l.
Mantes.	3. l.
Bonniere.	3. l.
Vernon.	3. l.
Gaillon.	3. l.
Vaudreuil.	3. l.

Port S. Ouen. 3. l.
Rouen. 2. l.

S. GERMAIN EN LAYE, *Sanctus Germanus in Ledia silva*, eſt une petite Ville ſur une montagne, au pied de laquelle paſſe la riviere de Seine. On croit qu'elle a pris ſon nom d'un Monaſtere que le Roi Robert y fit bâtir il y a environ ſept cens ans. Cette petite Ville eſt fort peuplée, les maiſons y ſont bien bâties, & les rues grandes & bien percées. Elle eſt auſſi ornée de pluſieurs beaux Hôtels que différens Seigneurs y firent bâtir dans le tems que nos Rois y faiſoient leur ſéjour. Il n'y a qu'une Paroiſſe, & les Couvents des Recoletes & des Urſulines. Il y a une Prévôté & une Maîtriſe des Eaux & Forêts qui s'étend nonſeulement ſur les forêts & bois de la Châtellenie de S. Germain, mais encore ſur ceux de la Châtellenie de Poiſſi, de Pontoiſe & des Bailliages de Mante & de Meulan.

L'aſpect du Château eſt admirable, principalement du côté de la riviere & des plaines. Son point de vûe s'étend ſur Paris, S. Denis, Marli, &c. On prétend que dès le tems du Roi Robert il y avoit ici *une Maiſon Royale* qui fut détruite par Edouard III. Roi d'Angleterre en 1346. Le Roi Charles V. fit jetter les fondemens d'un autre Château l'an 1370. & le fit achever. Il fut pris par les Anglois sous Charles VI. & Charles VII. le racheta d'un Capitaine de cette Nation pour une somme d'argent. Louis XI. le donna à Coictier son Medecin en 1482. François I. fit relever cet ancien bâtiment, & en fit construire de nouveaux. Henry IV. fit bâtir le Château neuf sur la croupe de la montagne plus proche de la riviere. Il étendit les jardins jusqu'au bord de la riviere de Seine, & les fit soûtenir par des terrasses élevées avec beaucoup de dépense. Louis XIII. l'embellit de plusieurs ornemens, & enfin Louis XIV. fit ajoûter au vieux Château cinq grands pavillons qui en flanquent les encoigneures.

POISSI, *Pinciacum*, petite Ville située sur le bord de la Seine au bout de la forêt de S. Germain. C'est un ancien domaine de la Couronne où nos Rois avoient autrefois un beau Château, où le Roi S. Louis nâquit, & qui pour cette raison se plaisoit à se qualifier *Louis de Poissi*. Philippe le Bel son petit-fils fit bâtir la magnifique Eglise & le Monastere des Religieuses de l'Ordre de S. Dominique, qu'il dota de grands revenus. Il y a des personnes qui veulent qu'il ait fait bâtir l'Eglise au même lieu où étoit le Château, & que le grand Autel fut placé au même endroit où étoit le lit de la Reine Blanche lorsqu'elle accoucha de S. Louis, ce qui est cause que cette Eglise n'est pas orientée comme elle devroit l'être. Ce Prince n'ayant pû achever cet édifice, il le recommanda par son testament à ses successeurs, & il ne fut achevé que l'an 1330. par le Roi Philippe de Valois. Me. de Chaunes Prieure de cette Maison faisant en 1687. réparer le Chœur des Religieuses, l'on trouva dans un petit caveau une maniere d'urne d'étain posée sur des barres de fer, dans laquelle étoient enveloppez d'une étoffe d'or & rouge deux petits plats d'argent avec cette inscription sur une lame de plomb : *Ci deden est le cœur du Roi Philippe qui fonda cette Eglise, qui trépassa à Fontainebleau la veille de saint André* 1314. Il s'y trouva aussi plusieurs autres tombeaux de Princes & Princesses du Sang. Le feu du Ciel tomba sur cette Eglise le 21. de Juillet 1695. & consuma en moins de deux heures tout le comble avec le beau clocher ou piramide revêtue de plomb, qui avoit quarante-cinq toises de haut. Outre ce fameux Monastere, il y a encore à Poissi une Eglise Collégiale, une Paroisse, un Couvent de Capucins, un d'Ursulines, & un Hôpital. On tint dans cette Ville *un Colloque* ou Assemblée publique de Prélats & de quelques Sectateurs de Calvin. Elle commença le 4. de Septembre 1561. en présence du Roi Charles IX. & finit le 25. de Novembre de la même année. Le Marché de Poissi est des plus fameux qu'il y ait par les bestiaux qu'on y amene pour la nourriture de Paris.

MEULAN, *Mellentum*, sur la riviere de Seine qu'on y passe sur un pont de pierre composé de vingt-une arches. Quoique cette Ville soit petite, elle est néanmoins partagée en deux. Une partie est dans une petite Isle, & l'autre est en terre ferme. Dans la premiere est un Fort où est le logement du Gouverneur, la Paroisse de S. Jacques & un Couvent de Bénédictins qui porte le nom de S. Nicaise. Cette petite partie est du Vexin, & du Diocese de Rouen. L'autre est plus grande, & a deux Paroisses, S. Nicolas & Nôtre-Dame, & plusieurs Couvens. Celle-ci est du Diocese de Chartres.

La Maison de campagne que M. l'Abbé Bignon a fait bâtir auprès de Meulan, est ce qu'il y a de remarquable aux environs. Elle est située dans une Isle de la riviere de Seine dans l'endroit où étoit autrefois le Prieuré de S. Côme. La propreté & le goût qui regnent dans ce bâtiment & dans les jardins qui l'accompagnent, égalent la beauté & les charmes de sa situation. Elle est environnée au nord par des collines toutes couvertes de vignes ou d'arbres fruitiers, & décorées de quantité de maisons de campagne & de Villages. Le grand chemin de Rouen qui est entre la Seine & ces fertiles côteaux, est aussi un spectacle amusant. Des trois autres côtez elle jouit d'une vûe encore plus étendue & également variée. Cette délicieuse Maison est composée de trois pavillons, & sa façade a deux cens pieds de long. Chaque appartement a son nom particulier qu'il a pris du sujet qui est représenté dans ses peintures : *la Justice*, *la Temperance*, *la Force*, *la Prudence*, *les Muses*, *l'Eloquence*, *l'Histoire*, *la Poësie*, *la Fable*, &c. sont les noms d'autant d'appartemens. La Chapelle est belle & ornée.

MANTE, *Medunta*, *Petromantallum*, est une jolie Ville située sur la Seine, dans le Diocese de Chartres. On passe ici cette riviere sur un beau pont de pierre composé de trente neuf arches. On remarque dans cette ville deux belles fontaines que M. d'O y fit construire en 1590. par ordre du Roi Henry IV. La Collégiale *de Nôtre-Dame* a éte bâtie & fondée par Jeanne de France dont on voit le tombeau à côté du grand Autel. Les Célestins sont hors de la Ville. Ils ont été fondez par Charles V. Roi de France l'an 1373. L'enclos & les côteaux de ce Monastere sont renommez pour leurs bons vins. Philippe-Auguste mourut à Mante le 14. de Juillet de l'an 1223. Henry IV. y tint pour la premiere fois de son Regne Chapitre de l'Ordre du S. Esprit, & y donna cet Ordre à Renaud de Beaune Archevêque de Bourges, & au Marêchal de Biron.

L'Isle de Champion près de Mante est un lieu très-agréable. Il est bordé des deux côtez par la riviere de Seine, & orné par les soins de la Ville d'un plan d'ormes qui forme une promenade d'une beauté singuliere.

VERNON, *Verno*, est une petite Ville située sur la Seine, & dans une vallée des plus agréables. Elle est du Diocese d'Evreux, & à cinq lieues de la Ville de ce nom. *Nôtre-Dame* est une Eglise Collégiale & Paroissiale, dont le Chapitre est composé de douze Chanoines, de douze Vicaires, de quatre Chapelains, de quatre Clercs de chaise, &c.

C'eſt le Comte de Giſors qui nomme aux Canonicats, qui valent année commune huit cens livres de revenu. *Le Doyen* eſt le premier, mais il n'a pas plus de revenu que les autres. De ces Chanoines il y en a un qui fait les fonctions de Curé, & un autre qui eſt Principal du College de la Ville où l'on enſeigne les Humanitez & la Philoſophie. Chaque Chanoine nomme ſon Vicaire qui a environ trois cens trente livres de revenu. Sainte Genevieve eſt une autre Egliſe Paroiſſiale de Vernon. Le Monaſtere de S. Louis eſt occupé par des Chanoineſſes Hoſpitalieres de S. Auguſtin qui gouvernent l'Hôtel-Dieu. Il y a auſſi dans cette Ville un Hôpital pour les Pauvres, un Couvent de Cordeliers, un de Filles de la Congrégation de Nôtre-Dame, un de Capucins, un de Bénédictines, & un de Pénitens du Tiers-Ordre de S. François. Ces trois derniers ſont hors la Ville, & celui des Pénitens en eſt le plus éloigné. Quant aux Juriſdictions, il y a à Vernon un Bailliage qui eſt du reſſort du Préſidial d'Andely, Vicomté, Election & Grenier à ſel. Le Château eſt ancien, & a une tour de pierre de taille d'une élévation & d'une groſſeur extraordinaires. Le College eſt occupé par des Eccléſiaſriques séculiers; & le Principal est, ainsi que je l'ai déja dit, un des Chanoines de Nôtre-Dame de Vernon. Cette Ville a eu des Seigneurs particuliers jusqu'à Philippe-Auguste qui l'acquit de Richard qui en étoit Seigneur Châtelain. Il a été depuis plusieurs fois donné en appanage par nos Rois, & en dernier lieu à Charles de France Duc de Berri mort en 1714. Louis XV. au commencement de son Regne a donné Vernon au Comte de Belle-Isle Fouquet, en échange de Belle-Isle.

Gaillon, ce Bourg est connu dans nos anciens Historiens sous le nom de *Castrum Gaallonii* ou *Gaillonis*, qui étoit peutêtre le nom du Seigneur qui l'avoit fait bâtir. L'an 1204. Philippe-Auguste donna la Châtellenie de Gaillon & ses dépendances à un Capitaine nommé *Cadoc*, qui l'avoit utilement servi dans la Conquête de la Normandie. S. Louis à qui Gaillon étoit revenu, en fit un échange avec l'Archevêque de Rouen, dont les successeurs en ont fait leur maison de campagne. Ce Bourg qui est du Diocese d'Evreux, n'a rien de considerable que son Marché qui se tient tous les Mercredis. L'Archevêque de Rouen qui en est Seigneur, a haute, moyenne & basse Justice. Il y a une petite Eglise mal construite, desservie par deux Curez & six Chanoines.

Auprès de Gaillon est une très-belle Chartreuse. L'Eglise que fit bâtir le Cardinal de Bourbon est d'un assez beau dessein, & son portail est un morceau d'architecture assez curieux; mais ce qu'il y a de plus remarquable, c'est le tombeau des Comtes de Soissons-Bourbons qui est dans une grande Chapelle à main droite du Chœur. Ces Princes y sont représentez en marbre blanc avec tous les ornemens convenables à un monument superbe, & que les connoisseurs regardent comme un chef d'œuvre.

Cette Chartreuse est presque aussi éloignée du Château que du Bourg, avec cette différence qu'on ne peut pas la voir du Bourg, & qu'elle sert d'ornement à la vûe du Château qui est bâti à mi côte.

Le Château *de Gaillon* a été bâti par George d'Amboise Archevêque de Rouen en la place du vieux Château que ce Cardinal fit abattre. Ce Château a été embelli par le vieux Cardinal de Bourbon, & par Nicolas Colbert Archevêque de Rouen. Il pourroit passer pour la plus belle maison de France, si on avoit voulu y faire une entrée convenable, & y faire venir des eaux de l'étang qui est au-dessus. Il faut en faire presque le tour pour y entrer par une petite porte fort vilaine. L'on entre d'abord dans une cour qui conduit dans une autre qui est grande, quarrée, & au milieu de laquelle est une fontaine superbe.

Ce Château est composé de quatre aîles de bâtimens, & accompagné d'une Chapelle flanquée à une de ses encoigneures. Le Chœur de cette Chapelle est hors d'œuvre, & porte un clocher tout à jour, revêtu de plomb, & orné de plusieurs figures du même métail. Les ouvrages du sculpture & les autres ornemens de cette Chapelle méritent l'attention des curieux. Dans le Château il y a deux grands appartemens l'un sur l'autre. Celui d'en bas est composé de plusieurs grandes chambres, & d'une gallerie au bout qui fait face à l'orangerie, & d'une colonade qui est une espece de salon ouvert. A côté des chambres est une autre gallerie, au bout de laquelle on trouve un grand salon. L'appartement d'en haut a le même nombre de pieces que celui d'en bas, mais au bout de la gallerie qui répond à celle d'en bas qui conduit à l'orangerie, est un salon des plus beaux, duquel on entre dans la serre, & de plaind pied dans un parterre. Le jardin est composé de plusieurs parterres qui se communiquent par des rampes douces, & conduisent dans un potager qui a plus de soixante arpens en quarré. L'orangerie est disposée en amphithéatre, & j'y ai vû plus de trois cens orangers. A côté est un grand parterre d'où l'on entre dans un parc qui contient huit cens arpens. Il est percé d'une grande quantité de routes ; & ce qu'il y a de plus remarquable est *le pavillon de la Ligue* qu'on laisse tomber en ruine, peutêtre par raport à la grande dépense que Nicolas Colbert Archevêque de Rouen a faite au Château. L'on prétend que ce Prélat a dépensé plus de deux cens mille écus à augmenter ou à embellir cette maison. La vûe de ce Château est une des plus belles de France ; car des quatre galleries du corridor on découvre plus de deux lieues de pays. A droite l'on voit des côteaux chargez de vignes, & de bouquets de bois ; & à gauche est la riviere de Seine qui serpente, & paroît un grand canal que la nature semble avoir fait exprès pour servir à l'embellissement de ce Château. De l'autre côté sont des bouquets de bois qui couvrent une côte qu'ils rendent fort agréable. Dans la plaine sont plusieurs remises pour le gibier qui y est en quantité

& d'un fumet excellent. Il y a aussi une garenne dont les lapins sont très-vantez.

ROUEN. *Voyez la description de cette Ville à la fin de la route précédente.*

Le chemin de Rouen à Dieppe est fort court ; car il n'y a que douze lieues, & facile à faire par un carrosse public qui y mene en un jour en payant six livres par place. On va de Rouen à Tostes qui est à égale distance de cette Ville & de celle de Dieppe, & qui est la dinée.

DIEPPE n'a commencé à se former qu'en 1080. selon une histoire manuscrite de cette Ville, & n'étoit auparavant qu'un Village appellé *Bertheville.* Quant au nom de *Dieppe*, il paroît par les sceaux de quelques lettres qui sont dans les archives de l'Hôtel de Ville qu'il y a plus de trois cens ans que cette Ville porte ce nom. M. de Valois après Oudri Vitals, se trompe lorsqu'il croit qu'elle l'a pris de la riviere qui la baigne ; car bien loin que la riviere ait donné le nom à la Ville, c'est au contraire la Ville qui l'a donné à la riviere ; mais ce sçavant homme n'étoit pas remonté jusqu'à la véritable origine du nom de Dieppe, qui vient du mot Anglois & Flamand *Diepp* qui signifie *bas*

& *profond*, ainſi qu'on le peut voir dans les Gloſſaires qui en donnent plusieurs exemples. Par ce que je viens de dire, & par la ſituation de la Ville de Dieppe dans un fond, on reconnoîtra que l'étymologie de ſon nom eſt toute naturelle.

Dieppe eſt donc une Ville du pays de Caux ſur les côtes de Normandie. Elle a un petit port de mer & quelque commerce. Elle appartient aux Archevêques de Rouen depuis que Richard Duc de Normandie & Roi d'Angleterre la leur céda pour les dédommager de la propriété d'Andely que l'Archevêque Walterus avoit cedé au domaine Ducal. La Ferme de Dieppe & de ſes dépendances vaut environ trente mille livres à l'Archevêque de Rouen, qui en eſt Seigneur temporel & ſpirituel; mais le Roi nomme à l'Etat major. La Ville eſt d'une forme preſque triangulaire, un côté ſur la mer, & l'autre ſur la campagne. La principale porte de cette Ville eſt du côté du faubourg de la Barre. Il y en a une autre qui donne ſur le pont & qui ſert de communication au Pollet.

Dieppe ayant été bombardée par les Anglois le 23. de Juillet de l'an 1694. la Cour chargea après le Traité de Riſvic le Sieur de Ventabren, Ingénieur, de construire une nouvelle Ville en la place de l'ancienne qui étoit très-mal bâtie. Cet Ingénieur réussit si peu dans ce dessein, que le Public toujours caustique sur les choses où sa commodité n'est pas entierement mênagée, le nomma *M. de Gasteville*. Les rues en sont bien alignées, & les maisons presque toutes d'une égale symetrie. Elles sont appuyées sur des arcades, & toutes bâties de brique, avec des cordons de pierre blanche, ce qui fait un assez bel effet aux yeux; mais on se plaint que ces maisons ne sont ni commodes ni des plus logeables. Il y a deux Places publiques qui n'ont rien de fort remarquable & plusieurs fontaines qui n'ont aucun ornement. Il y a deux Paroisses, *S. Jacques*, & *S. Remi*, & plusieurs Maisons Religieuses. Les Peres Minimes y furent établis en 1580. par le Cardinal de Bourbon Archevêque de Rouen. Les Capucins le furent au mois de Juin de l'an 1614. par Marguerite Gosse. Au mois de Septembre de la même année *le Cardinal de Joyeuse*, *Etienne Parchi* & la Ville fonderent un Collége de Prêtres de l'Oratoire. Le Cardinal acheta une maison pour bâtir ce College, & leur donna sept mille livres. Etienne

Parchi fonda deux classes, & la Ville en fonda trois.

L'an 1616. au mois de Mars les Ursulines vinrent s'établir dans la rue d'Ecosse où elles sont encore aujourd'hui.

Les Jésuites vinrent à Dieppe en 1619. & demeurerent d'abord dans une maison qui fait le coin de la rue du cul-de-sac. Dans la suite ils se sont établis dans l'endroit où ils sont à présent.

Les Carmes ont un Couvent dans cette Ville depuis le mois d'Août de l'an 1649.

Les Hospitalieres sont les plus anciennes Religieuses qu'il y ait à Dieppe. L'an 1624. elles furent transferées du vieux Hôpital qui étoit au bas de la grande rue, en la rue d'Ecosse où elles sont actuellement.

Les Habitans de cette Ville sont laborieux, & la plûpart Matelots de profession. On y enseigne publiquement le pilotage. Dieppe est peutêtre le lieu du monde où l'on travaille mieux l'yvoire & la corne. On y fait des ouvrages d'une délicatesse surprenante, & il n'y a gueres de gens plus adroits à manier le tour que les Dieppois. Les femmes y font de très-belles dentelles. Dieppe est un entrepôt pour les huitres qu'on fait venir de Cancale, & qu'on y conserve toujours en vie. On a pour cela ſur la gréve des parcs qui ne ſont autre choſe que de grandes clayes diſpoſées en quarré & ſoûtenues de pieux. L'on met les huitres au milieu en piles, & la marée les couvre deux fois par jour, ce qui ſuffit pour les conſerver en vie. Comme Dieppe eſt plus à portée de Paris qu'aucun autre Port, on y voit aſſez ſouvent des perſonnes qui ont été mordues par des chiens enragez. On les plonge nues dans la mer, & ce ſont des hommes forts qui font cet exercice.

Le faubourg du Pollet communique à la Ville par un pont de pierre fermé par une bonne porte qui eſt ſur la riviere de Bethune. Ce faubourg eſt très-conſiderable. Il y a deux Couvents & une Egliſe qui eſt une Aide d'une Paroiſſe des environs nommée *Neuville*.

Le faubourg du petit Veule n'a rien de ſingulier. Le port n'eſt pas conſiderable, & la riviere de Bethune vient s'y perdre. Les vaiſſeaux de guerre ne peuvent en approcher que juſqu'à la grande rade qui eſt à deux lieues en mer. Il n'entre dans ce port que des vaiſſeaux marchands & des frégates.

La Ville de Dieppe eſt fortifiée fort irrégulierement, & d'eſpace en eſpace. Sur le bord de la mer eſt un vieux Château du côté de la petite jettée, fortifié de quatre bastions fort irréguliers.

L'on entre dans le port par un canal qui n'est pas fort long, & qui est formé par deux jettées de charpente fort hautes, à la tête desquelles on a posé de bonnes batteries.

A une demie-lieue à l'est de la Ville & près de *Bruneval*, on voit des restes d'un ancien camp que la tradition du pays dit être du tems de César.

Pequet, *Richard Simon*, & *Abraham* Marquis *du Quesne*, Général des armées navales de France, & un des plus grands hommes de mer qu'il y ait jamais eu, ont fait honneur à la Ville de Dieppe leur patrie, les deux premiers par leur esprit & leur sçavoir, & le dernier par sa valeur & par la connoissance qu'il avoit de la marine.

Le chemim de Rouen au Havre est d'un tiers plus long que celui de Rouen à Dieppe; car il est de dix-huit lieues.

On va de Rouen à

La Fontaine.	3. l.
Cler.	1. l.
Caudebec.	3. l.
L'Isle-bonne.	6. l.
Harfleur.	3. l.

Le Havre de Grace. 3. l.

CAUDEBEC, *Calidum Beccum*, eſt une petite Ville du pays de Caux ſituée ſur la riviere de Seine, & au pied d'une montagne couverte d'un bois. Cette Ville eſt très-peuplée à cauſe de ſes Juriſdictions, mais principalement à cauſe de ſon commerce. Ses murailles ſont flanquées de tours d'eſpace en eſpace, & environnées de foſſez aſſez profonds. Une petite riviere qui prend ſa ſource à trois lieues de cette Ville la traverſe par pluſieurs canaux, fait aller ſes moulins, & eſt très-utile aux Tanneurs. L'Egliſe Paroiſſiale eſt ſous l'invocation de la Vierge, & eſt très-belle. On y remarque ſurtout la Tribune de pierre qui porte l'Orgue, laquelle eſt d'un trait d'architecture fort hardi. Les Capucins ont un Couvent à Caudebec, comme auſſi les Filles de la Congrégation de Nôtre-Dame. Pour le gouvernement il y a dans cette Ville un Bailliage & Siege Préſidial, Vicomté, Election, Grenier à Sel, Amirauté, Maitriſe des Eaux & Forrêts, & des Officiers de Ville. Pour le Gouvernement militaire il y a un Gouverneur, un Lieutenant de Roi, & une Compagnie appellée la Cinquantaine. La Manufacture de Chapeaux de Caudebec en fournissoit autrefois une grande quantité aux pays étrangers ; mais à présent ce commerce est borné, & il n'en sort gueres hors du Royaume.

L'Isle-Bonne est aussi une Ville du pays de Caux, mais n'est assurément point la *Juliobona* dont il est parlé dans Ptolomée & dans l'Itineraire d'Antonin, comme l'a fort bien prouvé Adrien de Valois. Elle est située entre deux côteaux, & n'a ni portes ni murailles, mais elle a cependant deux Eglises Paroissiales, Nôtre-Dame & S. Denis. La premiere est de l'exemption de Montivilliers, & est bien bâtie. Son clocher est une pyramide de pierre fort élevée. On voit sur une éminence une grosse tour fort haute, & les restes d'un ancien Château qui marquent qu'il étoit grand & fort. La tradition de ce lieu veut que *l'Isle-bonne* ait été le *Caletum* des anciens que César prit & fit détruire, & que des pierres de sa démolition il en fit construire la chaussée qui va de l'Isle-bonne à Harfleur, & que l'on nomme encore aujourd'hui *la Chaussée de César*. Ce Bourg ou petite Ville a donné autrefois son nom à une branche de la Maison de Lorraine.

HARFLEUR, *Hareflotum*, *Harefluum*, *Herifloium*, *Heriflorium*, *Auri-*

florium,

florium, sur la petite riviere de Lezard, est une petite Ville fort ancienne, comme il paroît par la chaussée qu'on dit avoir été faite par ordre de César, & de laquelle je viens de parler. Depuis que le Havre est devenu une Ville considerable, celle ci a perdu beaucoup de son lustre. Ses murailles & ses fortifications ont été rasées, & son port s'est comblé de maniere qu'il n'y peut plus entrer que des barques. Il n'y a qu'une seule Paroisse qui porte le nom de S. Martin. La Nef & les bas côtés de cette Eglise sont un bel édifice, mais le Chœur n'a jamais été voûté ni même couvert. Les vitres sont peintes & chargées d'un nombre prodigieux de figures. Le clocher est une pyramide fort belle & très-haute. Le Couvent des Capucins est dans la Ville, mais la Chapelle Sainte Anne & le Cimetiere public sont hors la Ville. Cette Ville est composée d'environ trois cens soixante onze feux, dont il y en a vingt-un de privilegiez, & les autres sont taillables. Harfleur fut prise par les Anglois en 1415. un peu avant la bataille d'Azincourt.

LE HAVRE DE GRACE sur la rive droite de l'embouchure de la Seine, *Franciscopolis*, *Portus Gratiæ*, a pris son premier nom Latin de François I. son fondateur; mais quant à celui de *Havre de Grace*, on ignore la raison qui le lui a fait donner. Cette Ville est dans un pays plat & des plus unis, n'étant commandée d'aucune hauteur. On y entre par deux portes, sans compter celle de la Citadelle qui est la troisiéme. La Ville est partagée en deux par le port. Les rues de la partie la plus grande sont assez droites & assez bien percées, mais elles ne sont pas régulierement distribuées. Celles de la petite au contraire sont belles, droites, & des plus régulieres. La Place est petite, & sa forme est un quarré long irrégulier. Elle est traversée à un des bouts par la grande rue, & trois autres rues y aboutissent. La Paroisse est près de là.

Le port n'est pas des plus grands, mais il est assez commode, & est placé entre la Ville & la Citadelle. L'entrée en est étroite, & il est formé par un des côtez de la Ville & par une grande jettée de pierres fort longue qui regne depuis la tour de la chaîne jusqu'à la Citadelle. A la tête de cette jettée est une tour quarrée sur laquelle on a placé le fanal.

L'enceinte de la Ville consiste en quatre bastions. Celui qui est sur le bord de la mer du côté de l'entrée du port, enferme un vieux Château quarré des plus négligez, & dont il ne reste plus que deux vieilles tours. Cette enceinte est couverte d'une autre formée d'une grande courtine sur laquelle est un grand bastion plat, composé de deux faces & d'un flanc. Cet ouvrage occupe un grand terrein dans lequel sont quelques moulins à vent & des bâtimens en petit nombre. Il est terminé par le fossé de la Ville. Les autres côtez sont couverts de plusieurs demi-lunes, les unes revêtues, les autres non. Cette enceinte est entourée d'un petit fossé plein d'eau dans lequel tombent plusieurs ruisseaux ou canaux qui forment diverses Isles & des marais au-tour de la Ville depuis la mer jusqu'à la Citadelle.

Cette Citadelle est petite, mais elle est des plus régulieres. Sa forme est quarrée & composée de quatre bastions vuides & aux gorges desquels sont des bâtimens en voûte qui servent d'entrée aux bastions. Auprès de l'entrée de ces gorges sont quatre escaliers pour monter sur le rempart. Il y en a aussi de pareils à côté des deux corps de garde qui sont aux portes. L'on entre dans cette Citadelle par deux portes, celle du côté de la Ville & celle du Secours qui est du côté de la campagne. L'une & l'autre sont couvertes d'une demi-lune. Il y a encore une troisiéme demi-lune sur le front qui regarde la terre. Les dedans de cette Citadelle consistent en une grande Place quarrée, sur un des côtez de laquelle est l'Eglise, & vis-à-vis est la maison du Gouverneur. Les deux autres côtez sont formez par quatre grands corps de cazernes coupez chacun en deux vis-à-vis de chacune des portes. La Place est entourée d'un fossé dans lequel sont deux demi-lunes; car la troisiéme qui couvre la porte du côté de la Ville est sur le chemin couvert. Le pont de pierre qui est sur le port, joint la petite partie de la Ville avec la Citadelle. Le reste de l'espace du côté du port est le glacis, à l'extrémité duquel sont deux ouvrages en forme de pâtez ou de fer à cheval. Le reste du fossé du côté de la mer & du côté de la campagne, a son chemin couvert, & son glacis à l'ordinaire. La partie du glacis qui est battue par les flots de la mer, est fermée par un grillage de charpente posé sur un pilotis, dont les chambres sont remplies de moilons.

Le Havre est une Place importante par sa situation à l'emboucheure de la Seine. Elle est regardée comme une des clefs du Royaume. Le Roi François I. commença ses fortifications, Henry II. les continua, & Louis XIII. les mit dans l'état où elles sont. Cette Place fut surprise par les Calvinistes en 1562. & livrée aux Anglois ; mais elle fut reprise en 1563. On fait souvent des armemens dans ce port ; il y a même un Intendant & un Département de la marine *Georges de Scudery* mort en 1680. & *Madeleine de Scudery* sa sœur, morte le 2. de Juin 1701. dans la quatre-vingt quatorzié-me année de son âge, étoient nez au Havre.

La route de la poste pour aller de Rouen au Havre est différente de celle que je viens de rapporter. L'on va de Rouen aux Vieux, deux postes. Caudebec, p. & d. Les Forges, 2. p. La Botte, p. & d. Le Havre, 2. p.

Voyage de Paris à Caën & à Cherbourg.

ON *peut aller de Paris à Caën par trois routes un peu différentes: 1°. en passant par Rouen. 2°. par Dreux & Nonancourt. 3°. par S. Germain en Laye, Poissi, Mante, &c. Cette derniere est la plus courte.*

Premiere route, qui a été marquée ci-dessus jusqu'à Rouen, d'où pour aller à Caën on va à

La Bouille.	4. l.
Bourgtheroude.	2. l.
Rougemontier.	4. l.
Pont-Audemer.	3. l.
Pont-l'Evêque.	6. l.
Dive.	4. l.
Caën.	5. l.

La Bouille est un gros Bourg fort connu, situé sur la rive gauche de la *Seine*, où l'on trouve des batteaux couverts qui en partent trois fois le jour pour Rouen, & qui en reviennent le même jour. L'on y trouve aussi des chevaux de louage pour Pont-Audemer & pour plusieurs autres endroits. L'Eglise Paroissiale est sous l'invocation de la Madeleine.

PONT-AUDEMER, *Pons Audomari*, sur la Rille, est une petite Ville décorée d'un Bailliage, d'une Vicomté, d'une Election, d'un Grenier à sel, & d'une Maitrise des Eaux & Forêts. Elle est fermée de murailles, & a quatre portes. Il y a deux Paroisses dans la Ville & une dans le faubourg de Pont-l'Evêque. Il y a aussi un Gouverneur, un Lieutenant de Police, un Maire & deux Echevins. Louis XIV. y a fait creuser & revêtir de pierre un petit port. Henry Roi d'Angleterre se disant héritier & Régent du Royaume de France, unit Pont-Audemer au Duché de Normandie l'an 1422.

Pont-l'Evêque est une petite Ville toute ouverte, n'ayant ni murailles ni Château. Elle est située sur la Touque, & a une Vicomté, un Bailliage, une Election, une Maitrise des Eaux & Forêts, un Gouverneur, &c. L'Eglise Paroissiale est sous l'invocation de S. Michel, & est assez propre.

Dive ou *S. Sauveur sur Dive*, est un Bourg situé à un quart de lieue de l'embouchure de la riviere de Dive dans la mer. Il est dans le pays d'Auge, & du

Diocese de Lizieux. L'Eglise de S. Sauveur est solidement bâtie en croix, & est assez grande.

CAEN, *Cadomus* en Latin, & *Cathim*, *Catheim*, *Càthem* & *Cathom* dans les anciens titres. Ces quatre derniers noms sont moitié Gaulois & moitié Saxons, & signifient *demeure des Cadetes* ou *demeure de guerre*. C'est de ces mots là qu'on a fait Caen. Toutes les autres étymologies du nom de cette Ville sont ou fabuleuses ou risibles. Les anciens Historiens ni les Géographes ne nous disent rien de Caën, ce qui prouve que ce n'étoit pas encore une Ville du tems que les Romains étoient maîtres des Gaules. On peut même ajoûter que Bayeux dont il n'est parlé que dans les Auteurs du bas Empire a été préferé pour le Siege de l'Evêché. Caën paroît avoir été Ville sous les premiers Normands, mais on ignore absolument le tems auquel elle a commencé de l'être.

Caën est situé dans un vallon entre deux grandes prairies & au confluent des rivieres d'Orne & d'Odon. Deux fauxbourgs regnent audessus de la Ville sur les deux côteaux qui terminent ces prairies. D'un côté la Maison des Jésuites, l'Abbaye de S. Etienne, & plusieurs tours & clochers de differentes Paroisses ; de l'autre un long faubourg & plusieurs Villages contigus forment une perspective charmante dont la vûe est terminée par une belle maison de campagne & par quelques bois en éloignement. A l'entrée de cette prairie est un boulevart sur lequel est bâti un gros pavillon très-propre en forme de *belveder*. Ce boulevart est planté de quatre rangs d'arbres qui forment deux beaux berceaux. Un grand canal est audessus du boulevart, & au bout de ce canal sur le bord de la riviere regne un cours de quatre rangs d'arbres. Les prairies sont bordées d'un côté par la riviere, & de l'autre par le canal. Cette Ville qui est la seconde de la Province de Normandie, a douze Paroisses, & renferme des Tribunaux de presque toutes les especes. L'Université de Caën fut établie en 1452. par le Roi Charles VII. L'Evêque de Bayeux qui est l'Evêque Diocesain en est Chancelier né. L'Eglise de *S. Pierre* est une des douze Paroisses, & a douze Prêtres titrez qui portent l'aumusse, sans néanmoins former ni College ni Chapitre. Cette Eglise est bâtie en croix & magnifique. Elle a douze piliers de chaque côté dans sa longueur ; & un rang de Chapelles regne tout alentour avec un coridor bien voûté. Le grand cul de lampe de pierre, d'onze pieds en saillie, au-dessus du grand Autel, est un ouvrage hardi. Cette Eglise est couverte de plomb, & son grand portail est orné de deux tours qui portent deux belles pyramides de pierre percées à jour & ouvertes en roses. Le grand Autel de l'Eglise Paroissiale de *S. Jean* est enrichi de six grandes colonnes & autres ornemens de marbre, est isolé & a deux faces. La tour élevée sur le milieu de la croisée, ouverte en lanterne, est un ouvrage que les Architectes estiment beaucoup. Le tableau du grand Autel réprésente le bâteme de J. C. & est un des meilleurs de le Brun. Ce Peintre en faisoit une si grande estime que peu d'années avant sa mort il offrit d'en donner une somme considerable. L'Eglise de *S. Nicolas* est grande, belle & parfaite en son dessein. Parmi les Couvents de Filles l'on distingue celui des Filles de la Visitation Sainte Marie. Il est situé dans *le faubourg l'Abbé*. La maison & l'Eglise sont également belles. Le grand Autel de cette derniere est enrichi de grandes colonnes & autres ornemens de marbre. Le Tabernacle est de cristal ouvragé avec beaucoup de dépense. *Les Jésuites* ont ici un College dont l'Eglise est magnifique. Ce fut Jean Renaud sieur de Segrais qui leur fit donner la place par la Ville, & qui mit la premiere pierre à leur Eglise, étant pour lors premier Echevin de cette Ville. Cette Eglise a été bâtie sur le modele de celle du Noviciat de Paris, mais elle est plus grande & a beaucoup plus d'apparence. Elle a cependant peu couté à bâtir par l'économie d'un de leurs Procureurs très-habile qui l'entreprit sans le secours d'aucun Architecte.

L'Abbaye de S. Etienne est dans le fauboug qui porte son nom, & est une des plus considerables du Royaume. Guillaume de Jumieges & quelques autres Historiens rapportent que Guillaume le Conquérant Duc de Normandie ayant épousé Mathilde fille de Baudouin Comte de Flandres sans dispense, quoiqu'elle fut sa parente à un degré défendu; & ayant reconnu sa faute, eut recours au Pape Nicolas II. qui rendit leur mariage valide, & leur enjoignit pour pénitence de fonder deux Abbayes. Guillaume le Conquerant fonda celle de *S. Etienne*, & Mathilde celle de *la Trinité*; l'une & l'autre de l'Ordre de S. Benoît. L'Abbaye de S. Etienne fut achevée de bâtir l'an 1064. dédiée en 1073. ou 1077. ou même 1081. & dotée en 1082. Cette Abbaye rapporte aujourd'hui environ soixante mille livres de rente, est exempte de la Jurisdiction Episcopale, & la sienne s'étend sur douze Paroisses. L'Eglise a plûtôt l'air d'une Cathédrale que de l'Eglise d'une Abbaye, ayant dix-sept piliers de chaque côté dans sa longueur, avec des bas côtez à double voûte, & seize Chapelles autour du Chœur. Les deux grosses tours du grand portail portent deux belles pyramides de pierre fort hautes; mais la grande pyramide du milieu de la croisée fut détruite en 1562. par les Calvinistes qui détruisirent aussi tous les bâtimens Claustraux où ils n'épargnerent que le Palais du Duc que les Religieux habitent présentement.

L'Abbaye de la Trinité, dite des Dames, fut bâtie & dotée par Mathilde femme du Duc Guillaume, dans *Caluz*, ainsi que portent les vieilles Chartes, & eut pour premiere Abbesse en 1060. une Mathilde que quelques-uns prétendent avoir été fille du Duc Guillaume & de Mathilde. Son Eglise est grande, & le Monastere a été magnifiquement rebâti par feue Madame de Tessé qui en étoit Abbesse, & tante de la derniere Abbesse de ce nom. Cette Abbaye est non seulement exempte de la Jurisdiction Episcopale, ainsi que celle de S. Etienne, mais elles ont chacune une Officialité avec

Juriſdiction particuliere. Celle de l'Abbaye de la Trinité s'étend ſur quatre Paroiſſes.

La Place Royale eſt ſans contredit la plus belle qu'il y ait en Normandie. Elle eſt grande, réguliere, bien pavée, & décorée de maiſons de trois côtez. L'Egliſe des Peres de la Miſſion avec le beau Séminaire qu'ils gouvernent, la ferment du côté du midi, & laiſſent voir le beau portail de l'Egliſe des Jéſuites. Au milieu de cette Place eſt une ſtatue en pied du Roi Louis XIV. vêtu à la Romaine, élevée ſur un piédeſtal avec des inſcriptions ſur des tables de marbre; le tout entouré d'une baluſtrade de fer. La Ville de Caën fit ériger ce monument le 5. de Septembre de l'an 1685. Jean Renaud de Segrais étant pour lors premier Echevin.

Le Château, la Maiſon de Ville, le Palais Epiſcopal, l'Hôtel nommé le grand Cheval, la maiſon où ſe tenoit autrefois l'Echiquier, & la maiſon de l'Univerſité ſont les bâtimens les plus remarquables.

Le Château *ſi durement grand & plantureux*, comme le dit Froiſſard, fut bâti ſelon toutes les apparences par Guillaume le Bâtard. En effet Robert Abbé du Mont-Saint-Michel & Continuateur de Sigebert, dit que Henry I. Roi d'Angleterre exhaussa les murs du Château de Caën que son pere Guillaume le Conquerant avoit fait faire, & qu'il y ajoûta une haute tour. Cette tour est ce qu'on appelle *le donjon*, qui étoit couvert de tuilles, & que François de Silly Gouverneur & Bailli de Caën fit réduire en plate-forme, & y fit faire les embrasures qui y sont présentement. La muraille qui environne le donjon & les quatre tours dont elle est flanquée, sont un ouvrage des Anglois. Le Château & le donjon furent réparez sous le Regne de Louis XII. & mieux encore sous celui de François I.

La Maison de Ville est sur le pont de S. Pierre, & est un fort grand édifice avec quatre grosses tours.

Il y a dans cette Ville Officialité, Palais Episcopal à l'Evêque de Bayeux qui est le Diocesain; Bailliage, Présidial, Prévôté, Vicomté, Généralité ou Bureau des Finances, Election, Grenier à sel, Amirauté, Lieutenant de Police, un Maire & six Echevins. Le nombre des habitans de Caën monte à environ trente-cinq ou quarante mille personnes. On peut dire en général qu'ils ont beaucoup d'esprit & qu'ils sont laborieux. Il y en a eu dans tous les siecles qui par la beauré de leur eſprit ou par leur profond ſçavoir, ou par leur valeur, ont fait honneur à la France. *François Malherbe*, *Jean-François Sarrazin*, *François Metel Sieur de Boiſrobert*, *Pierre Patris*, *Tanaquil le Fevre*, *Jean Renaud Sieur de Segrais*, & *Daniel Huet* Evêque d'Avranches ſont ceux dont le mérite a fait le plus de bruit dans le monde.

Jean Renaud de Segrais étoit un Gentilhomme fameux par la beauté de ſon eſprit & par la droiture de ſon cœur. Il paſſa une partie de ſa vie à la Cour de Mademoiſelle d'Orléans-Montpenſier, & ſe retira enſuite à Caën ſa patrie. Depuis ſa retraite ſa maiſon étoit le rendez-vous des Gens de Lettres de cette Ville, & des Plaideurs de bonne foi qui y venoient de tous côtez lui ſoumettre leurs différends. La droiture de ſon cœur n'étoit ni de ſon pays ni de nôtre ſiecle. L'eſtime ſinguliere qu'il avoit pour Malherbe lui fit conſacrer un monument à ſa mémoire. Il fit faire & élever une ſtatue de ſix pieds de haut à la façade de ſa maiſon, & fit graver audeſſous les vers ſuivans ſur un marbre noir.

Malherbe de la France éternel ornement,
Pour rendre hommage à ta mémoire,
Segrais enchanté de ta gloire,
Te conſacre ce monument.

Bayeux.	6. l.
Isigni.	6. l.
Carentan.	2. l.
Valogne.	6. l.
Cherbourg.	4. l.

BAYEUX, *Civitas Baïocassium*, *Civitas Baïocasium*, *Civitas Baïocas*, Capitale du Bessin, entre les rivieres d'Aure & de Drome, dont la premiere baigne les murs de Bayeux, & l'autre passe à une demi-lieue de cette Ville du côté du couchant. Elle est à une lieue & demie de la mer, & est le Siege d'un Evêché. Ses habitans sont laborieux & propres au commerce; mais la peur d'irriter la jalousie de leurs compatriotes, fait qu'ils se tiennent renfermez chez eux. Il y a dix-sept Paroisses dans Bayeux ou dans ses fauxbourgs, & cependant le nombre des tailliables n'est que d'environ dix-sept cens personnes. Il y a sept Couvens, trois de Religieux & quatre de Filles, & cinq Jurisdictions. Les Missionnaires de saint Lazare ont ici un assez beau *Séminaire* nouvellement bâti. L'Eglise Cathédrale est sous l'invocation de la Vierge, & est une des plus grandes & des mieux bâties de la Province. Son portail & ses trois clochers dont celui du milieu ſert d'horloge à la Ville, attirent les regards des curieux. On garde dans la Sacriſtie une Relique qu'on nomme *la Chaſuble de S. Regnobert.* Elle eſt enfermée dans un petit coffre d'yvoire & de figure antique, dont la ſerrure eſt d'argent en plaque de figure ronde. Sur cette plaque eſt une inſcription gravée autour de la ſerrure. Elle eſt en langue Arabe, & écrite en ancien caractere *Couphi* ou *Cuphique*. Feu M. Petis de la Croix fut le premier qui en connut les caracteres, & qui en fit la traduction que voici : *Quelque honneur que nous rendions à Dieu, nous ne pouvons pas l'honorer autant qu'il le mérite ; mais nous l'honorons par son ſaint Nom.* Cette inſcription a été certainement miſe par un Mahométant, & il y a apparence que cette caſſette ayant été priſe dans le camp des Sarrazins après leur défaite par Charles Martel auprès de Tours, la Reine Ermentrude femme de Charles le Chauve la conſacra à renfermer les Reliques de S. Regnobert, par l'interceſſion duquel le Roi ſon mari avoit été guéri.

Au reſte il n'y a point de pays au monde qui ſoit audeſſus de celui-ci pour la bonne chere, au vin près qu'il faut faire venir d'ailleurs. L'on vante ici avec raison les poulardes de Bayeux, le cidre & le beurre d'Isigni, le veau & le beurre de Trevieres, le mouton & les lapins de Cabour, les soles de Grancan, l'alose d'Orne, & les huitres de la riviere de Vire.

Isigny est un gros Bourg situé à l'embouchure de la riviere de Vire dans l'Ocean, qui y forme un petit port. Ce Bourg est fort connu à cause de ses salines & du commerce de beurre qui s'y fait. Les Marchands de Rouen & de Paris y font saler leurs beurres, & les font ensuite transporter par la riviere qui a flux & reflux. Il se tient ici une Foire tous les ans, & un Marché tous les Jeudis.

CARENTAN, *Carentonum*, Ville du Côtentin, située sur deux peties rivieres nommées *l'Ouve* & *Carentey*, à trois lieues de la mer. Il ne paroît pas que cette Ville soit d'une grande antiquité. La rue qui la traverse, la Place publique, & la grande Eglise & le Château qui est du côté du grand faubourg, sont ce qu'il y a ici de plus remarquable. Une des deux rivieres va se jetter à une lieue de Carentan dans les deux petits golfes *du grand & du petit Vé*, en sorte que par le moyen du reflux qui y est très-grand, les barques peuvent remonter jusqu'à

Carentan. Il y a dans cette Ville Bailliage, Vicomté, Election, Amirauté, Bureau des Traites Foraines, un Couvent de Religieuses & un Hôpital. L'air de Carentan est mal sain à cause des marais qui sont aux environs.

VALOGNES, *Walonia*, petite Ville située sur un ruisseau à trois lieues de la mer. L'on dit, mais sans le moindre fondement, qu'elle a été bâtie sur les ruines de l'ancienne Ville d'*Alauna*. Son origine n'est pas moins incertaine que son ancienneté. Il y avoit un Château qui fut démoli en 1689. Il y a dans cette petite Ville deux Paroisses, une Collégiale nommée *Saint Malo*, un Couvent de Cordeliers dans l'Eglise duquel est le tombeau de Louis bâtard de Bourbon, Comte de Roussillon, Amiral de France; un Bailliage, une Vicomté, Mairie, Sénéchaussée, Siege des Traites, & Maitrise des Eaux & Forêts.

CHERBOURG, petite Ville & Port de mer à l'extrémité du Côtentin. Du tems des anciens Ducs de Normandie ce n'étoit qu'un Château nommé *Castellum Carusbur* dans des lettres de Richard III. Duc de Normandie, données l'an 1026. Oudri Vital est le premier des Ecrivains qui l'ait appellée *Cæsaris Burgus*. Il a été suivi & commenté par ceux qui sont ve-

venus après lui. Froissard parle de Cherbourg en ces termes : *Fort & noble lieu, lequel fonda premierement Julius César quand il conquit l'Angleterre.* Cet Historien est suffisamment réfuté par les lettres de Richard, & d'ailleurs on ne trouve nulle part que César soit venu dans le Côtentin. Cette Ville étoit assez bien fortifiée, mais Louis XIV. la fit démenteler & razer les fortifications en 1689. L'on voit dans l'Eglise de cette Ville le tombeau de Mauger Archevêque de Rouen, qui fut exilé à Guernezay à cause de sa vie irréguliere. Au reste l'on trouve à Cherbourg Bailliage, Amirauté, Siege des Traites, Mairie, & Bureau des cinq grosses Fermes.

Deuxiéme Route en passant par Dreux & Nonancourt.

Versailles.	4. l.
Neausle.	4. l.
La Queue.	2. l.
Houdan.	3. l.
Dreux.	4. l.
Nonancourt.	3. l.
La Sogne.	4. l.
Evreux.	3. l.

L'on peut voir les descriptions de Versail-

les & de Dreux dans les voyages de Paris à Brest.

Nonancourt, petite Ville du Comté & du Diocese d'Evreux, située sur la riviere d'Aure. Ses murailles bâties de brique & ses maisons tombent de vetusté. L'on prétend qu'elle a pris son nom d'un Seigneur de l'ancienne Maison de Nonant en Normandie, qui en fut le fondateur.

EVREUX, *Mediolanum Aulercorum*, *Mediolanum Eburovicum*, *Civitas Evaticorum* dans Oudri Vital, est une Ville ancienne, Episcopale, & située sur la riviere d'Iton. Cette riviere se partage en trois bras avant d'entrer dans la Ville. Le premier est un canal qui fut fait par ordre de Jeanne de France femme de philippe Comte d'Evreux, & qui passe par le milieu de la Ville. Le second bras passe assez près des murailles, & sert utilement aux Tanneurs. Le troisiéme passe plus loin de la Ville du côté du nord, & fait tourner plusieurs moulins. Cette Ville, en y comprenant ses fauxbourgs, renferme huit Paroisses, deux célébres Abbayes de l'Ordre de S. Benoît, celle de S. Taurin occupée par des Moines, & celle de S. Sauveur occupée par des Filles. Le grand Autel de l'Eglise de cette derniere est magnifique.

ment décoré, & est digne de l'attention des Voyageurs. Les Dominicans, les Cordeliers & les Capucins ont ici des Couvents. La maison de ces derniers est une de plus belles de tout leur Ordre.

L'Eglise Cathédrale d'Evreux est un ouvrage gothique, mais beau & solide. Elle est bâtie en croix, & a seize piliers de chaque côté. Au milieu s'éleve un dome octogone qu'on nomme *la lanterne*, soûtenu par quatre pilliers. Audessus de cette lanterne est un clocher fort haut d'un ouvrage également solide & délicat, tout percé à jour, & terminé en pyramide. Ce dôme a été construit par ordre & aux dépens du Roi Louis XI. à la sollicitation du Cardinal Balue pour lors Evêque d'Evreux.

Autrefois cette Ville étoit défendue par un donjon qui étoit où est à présent l'Hôtel-de-Ville. Tout auprès est l'horloge qui est un chef d'œuvre des Anglois, à côté de la Poissonnerie, & de la Boucherie. L'on trouve à Evreux Bailliage, Présidial, Vicomté, Election, Grenier à sel, & Corps de Ville composé d'un Maire & de quatre Echevins. Le Château de Navarre qui est au Duc de Bouillon, & celui de Condé qui est à l'Evêque d'Evreux, méritent d'être vûs de ceux qui voyagent à loisir, c'est-à dire qui sont maîtres de leur tems & des voitures.

La Commanderie.	4. l.
La Riviere.	4. l.
Marché neuf.	2. l.
Duranville.	2. l.
Lizieux.	5. l.
Estrez.	4. l.
Moux.	2. l.
Caën.	4. l.

LIZIEUX, *Lexovium*, *Lixovium*, *Civitas Lexoviorum*, *Civitas Lixoviorum*, *Civitas Lixovium*, *Liciacensis Civitas*. Cette Ville est située en partie sur une côte, & en partie dans une vallée où sont des prairies d'un grand revenu, au confluent de la petite riviere d'Orbiquet & de celle de Lezon. Ces deux rivieres se joignent à la pointe du jardin des Dominicains, & dès-lors elle prend le nom de *Touques*. La Ville de Lisieux est environnée de bons fossez, & ceinte de murailles flanquées de tours d'espace en espace. Elle a quatre portes & autant de fauxbourgs. L'Eglise Cathédrale est ancienne & assez belle. Le Palais de l'Evêque est une belle maison. L'escalier & sa Chapelle méritent une attention particuliere. Le Jardin a des jets d'eau, des cascades, & offre une vûë qui s'étend à plus de six lieues. Cette Ville est la Capitale d'un pays nommé *le Lievin*, & a le titre de Comté qui appartient à l'Evêque. Elle est de la haute Normandie & de la Généralité de Rouen, mais sur les limites de la basse. Le Chapitre de la Cathédrale a un privilege assez singulier qui lui a été accordé par un de ses Evêques. La veille & le jour de S. Ursin, dont on célebre la fête le 11. de Juin, deux Chanoines qu'on élit en Chapitre pour être *Comtes*, montent à cheval revêtus de leurs surplis, ayans des bandoulieres de fleurs par-dessus, & tenans des bouquets de fleurs à la main. Ils sont précédez de deux Bâtonniers, de deux Chapelains & de vingt-cinq hommes d'armes ayant le casque en tête, la cuirasse sur le dos, & la hallebarde sur l'épaule. Les Officiers de la haute Justice les suivent aussi à cheval en robes, ayant de même des bandoulieres & des bouquets de fleurs. En cet équipage ils vont prendre possession des quatre portes de la Ville dont on leur présente les clefs, & où ils laissent un certain nombre d'hommes armez pour les garder. Les droits de la Coutume & de la Foire qui se tient le jour de Saint Ursin, leur appartiennent, à condition

condition de donner à chaque Chanoine *un pain & deux pots de vin*. En un mot pendant ces deux jours les deux Chanoines ſont *Comtes* de Lizieux, & toute la Juſtice civile & criminelle leur appartient. Si pendant ce tems-là quelque bénéfice vient à vaquer, les deux Chanoines Comtes y préſentent.

S. Germain & *S. Jaques* ſont deux Egliſes Paroiſſiales dont le Clergé eſt fort nombreux, & dont les Chanoines de la Cathédrale ſont Curez primitifs. Dans le faubourg de *ſaint Deſir* eſt une autre grande Paroiſſe ſous l'invocation de ce Saint, & qui eſt deſſervie par deux Curez. On y vient de toutes parts invoquer S. Eutrope qui en eſt le ſecond Patron. *L'Abbaye aux Dames* eſt de l'Ordre de S. Benoît, & fut fondée par Henry Duc de Normandie & Roi d'Angleterre. Madame de Matignon une de ſes Abbeſſes a fait rebâtir ce Couvent, & élever une Egliſe magnifique ſur laquelle il y a un très-beau dôme.

Outre les Paroiſſes & l'Abbaye dont je viens de parler, il y a à Lizieux un College & un Séminaire dirigé par des Miſſionnaires de la Congrégation du P. Eudes; un Couvent de Religieux de la Trinité pour la Rédemption des Captifs; un de Dominicains ou Freres Prêcheurs;

un de Capucins ; un Hôpital général ; un Couvent d'Urſulines ; un de Filles de la Providence, &c.

Le Couvent des Religieux de la Trinité eſt très-conſiderable, & leur Egliſe eſt belle & très-ornée. Le Maître-Autel eſt décoré de cinq grandes ſtatues qui ſont admirées de ceux qui les voyent. Deux de ces figures repréſentent S. Jean de Matha & Felix de Valois, les deux Patriarches de cet Ordre. Les trois autres ſont l'Ange & les deux Eſclaves qui apparurent à Jean de Matha dans la premiere Meſſe qu'il dit, & dans celle que célébra le Pape Innocent III. le jour qu'il inſtitua l'Ordre de la Trinité. Les ornemens de leur Sacriſtie méritent auſſi d'être vûs. Ces Peres ont ici l'adminiſtration ſpirituelle & temporelle de l'Hôpital général depuis l'an 1160. Le College & le Séminaire ſont un ſuperbe bâtiment moderne, & ſituez dans un des plus beaux quartiers de la Ville. L'Egliſe des Dominicains eſt grande, belle, bien percée & ornée de beaux tableaux de Saints & de Saintes de leur Ordre.

De Caën à Cherbourg la route eſt la même que celle que j'ai indiquée ci-deſſus, & à laquelle on peut avoir recours pour les deſcriptions des Villes qu'on y trouve.

Troisiéme Route par S. Germain en Laye, Mante, &c.

S. Germain en Laye.	4. l.
Trielle.	3. l.
Meulan.	2. l.
Mante.	3. l.
Bonniere.	3. l.
Paci.	4. l.
Evreux.	4. l.

J'ai donné la description de S. Germain, de Meulan & de Mante, dans une des routes du Voyage de Paris à Rouen.

PACI, *Paciacum*, sur la riviere d'Eure, est une petite Ville dont l'Eglise Paroissiale est sous l'invocation de S. Aubin. On y voit encore deux autres Eglises. L'une est celle d'une Abbaye de Filles de l'Ordre de S. Benoît, qui fut fondée il y a environ cent ans par une Religieuse de l'Abbaye de S. Sauveur d'Evreux, laquelle étoit de la Maison d'Albret. La troisiéme Eglise de Paci est celle de *l'Hôpital*, qui est desservie par un Prêtre qui porte le nom de Prieur. *La Maison de Ville* est dans l'enceinte de cet Hôpital. Il y a Justice Royale qui est du Ressort du Parlement de Rouen, mais le faubourg de *Passel* dont l'Eglise Paroissiale est sous l'invocation de S. Martin, eſt du Reſſort du Parlement de Paris. Cette Ville avoit autrefois de fort bonnes murailles & un Château bien baſtionné hors de la Ville. La tradition du pays eſt que dans les dernieres guerres des Anglois en Normandie ils ſurprirent Paci pendant la nuit, & qu'ils y mirent tout à feu & à ſang.

Cette troiſiéme route ne va que juſqu'à Evreux; car depuis cette Ville juſqu'à Cherbourg on paſſe par les mêmes lieux dont il a été parlé dans la route précédente, à laquelle le Lecteur aura recours.

Voyage de Paris au Mont Saint-Michel.

L'On peut faire ce Voyage ou en droiture, ou en passant par Caën, mais cette derniere route est de beaucoup plus longue.

Pour aller de Paris au Mont Saint-Michel en droiture, il faut suivre la route que j'ai indiquée ci-dessus pour aller de Paris à Brest en passant par Alençon, & quand on est dans cette derniere Ville, aller à

La Ferté Macé.	8. l.
Domfront.	4. l.
Mortain.	5. l.
Ducey ou *Ducé.*	6. l.
Le Mont S. Michel.	4. l.

L'on trouvera les descriptions de Dreux, d'Alençon, &c. dans le Voyage de Paris à Brest, Tome I.

DOMFRONT, *Domnifrons*, petite Ville avec titre de Comté, située sur la Mayenne. La Paroisse de S. Julien est sa principale Eglise, & il y a quelques

Monasteres. Cette Ville doit le peu de considération qui lui reste à ses Jurisdictions; car elle a Bailliage, Vicomté, Election, Maitrise des Eaux & Forêts, Bureau des Traites, & Quart-Bouillon à cause du sel blanc dont ses habitans usent. A deux lieux de cette Ville est la belle Abbaye de Lonlay. Au reste Domfront est dans un petit pays appellé *le Passais*, qui fait partie de la Normandie, quoiqu'il soit du Diocese du Mans.

MORTAIN, *Moritolium*, *Moritonium*, est une petite Ville des plus illustrées; car le Comté dont elle est chef-lieu, a toujours été très-considerable, & a été autrefois donné en appanage aux puinez des Ducs de Normandie. Le Roi Jean que nos Historiens surnomment Sans terre, ne prenoit point d'autre qualité avant que d'être parvenu à la Couronne d'Angleterre, que celle de Comte de Mortain. Henry I. le donna en 1135. à son neveu Etienne de Blois Comte de Boulogne, qui parvint après lui au Trône d'Angleterre. Guillaume fils d'Etienne le posseda après son pere, & mourut l'an 1160. Sa succession échut après plusieurs contestations à Marie de Boulogne femme de Mathieu d'Alsace. Ide leur fille Comtesse de Mortain & de Boulogne épousa Renaud Comte de

Dammartin. Mahaud leur fille Comtesse de Mortain, de Dammartin & de Boulogne, fut mariée à Philippe de France fils de Philippe Auguste. Ce Prince fut Comte de Mortain; mais le Roi Louis VIII. s'en réserva la Forteresse l'an 1222. laquelle lui fut rendue par S. Louis en 1241. Charles VI. érigea la Terre de Mortain en Comté l'an 1401. pour Pierre de Navarre son cousin, qui mourut sans enfans en 1411. Ce Comté passa à divers Seigneurs, & revint toujours à la Couronne. François I. le donna en 1529. à Louis de Bourbon Duc de Montpencier en échange de Condé, de Leuze, &c. que ce Prince possedoit en Flandres, & que le Roi céda à l'Empereur Charle-quint. Cette Seigneurie passa dans le dernier siecle à Gaston de France frere du Roi Louis XIII. par son mariage avec Marie de Bourbon-Montpensier. Anne Marie-Louise d'Orleans leur fille le donna à Philippe de France Duc d'Orleans, après la mort duquel elle a passé avec toute sa succession à Philippe Duc d'Orléans son fils, Régent du Royaume, & ensuite à Louis d'Orléans, son fils.

La Ville de Mortain est petite, & n'a qu'une rue. Elle est de très-difficile accès, presque toute environnée de rochers assez escarpez. Le Château est presque entierement détruit. Il y a environ mille trois cens familles dans la Ville & dans les deux Annexes, qui sont le Rocher & Neubourg. Il y avoit sur la petite riviere de *Lances* un beau pont de communication entre Mortain & Neubourg, mais il est ruiné. Le Chapitre de cette Ville est plus nombreux que riche, & sa Jurisdiction est indépendante de celle de l'Evêque d'Avranches. Cette Ville a Bailliage, Vicomté, Election & Maitrise des Eaux & Forêts.

Duccy est un gros Bourg du Diocese d'Avranches & à trois lieues de cette Ville. L'Eglise Paroissiale est sous l'invocation de S. Paterne.

LE MONT SAINT-MICHEL est une Abbaye située sur un promontoire, au pied duquel est une petite Ville qui s'est formée à l'occasion de l'Abbaye. Ce Monastere fut fondé par S. Aubert Evêque d'Avranches, sur ce rocher où ce Saint avoit coutume de se retirer fort souvent. L'on prétend qu'il fut averti l'an 718. par l'Archange S. Michel d'y bâtir une Chapelle sous son invocation. S. Aubert négligea ce premier avertissement; mais l'Archange lui apparut une seconde fois, & lui fit au front un trou de la grosseur du doigt, ainsi qu'on le voit dans un buste d'argent qui représente ce saint Evêque. Pour lors il n'y eut plus moyen de résister à une inspiration aussi sensible. S. Aubert y fit bâtir une petite Chapelle & s'y retira avec douze de ses Chanoines. L'an 966. Richard premier du nom, Duc de Normandie, chassa du Mont Saint-Michel ces Clercs séculiers qui s'étoient relâchez de leur premiere maniere de vivre, & mit en leur place trente Moines de l'Ordre de S. Benoît qu'il avoit rassemblez de tous les Monasteres de Normandie, & Maynard en fut le premier Abbé. Les Rois de France, ceux d'Angleterre, les Ducs de Normandie, ceux de Bretagne, & plusieurs Seigneurs firent de grands biens à cette Abbaye ; en sorte qu'on assure qu'elle jouissoit autrefois de plus de 100000. liv. de rente, quoiqu'aujourd'hui elle n'en ait pas quarante mille.

L'Abbaye, le Château & la Ville de *Saint-Michel* sont situez sur un rocher isolé, d'environ un demi quart de lieue de circuit, au milieu d'une baye que forment en cet endroit les côtes de Normandie & celles de Bretagne, dont les plus proches sont éloignées d'une lieue & demie de ce Mont. Le flux de la mer y monte deux fois en vingt quatre heures, couvre toute la gréve des environs,

& répand ſes eaux une grande lieue avant dans les terres ; en ſorte qu'il faut choiſir l'intervalle des marées pour y arriver. Lorſqu'on a paſſé toute la gréve qui eſt de ſable mouvant & toute ſemée de petites coquilles, on trouve la premiere porte de la Ville qui eſt fermée d'une grille de fer laquelle ne s'ouvre que pour les caroſſes & les autres voitures. Les gens de pied & ceux qui ſont à cheval entrent par une autre petite porte ronde qui eſt à côté, attenant le premier corps de garde où les Voyageurs laiſſent les armes à feu, leurs épées & leurs bâtons ferrez ; puis ayant paſſé une petite Place d'armes en tournant à droite, l'on entre dans la Ville par un pont-levis. On la traverſe en montant inſenſiblement ; & ayant paſſé à côté de l'Egliſe Paroiſſiale, l'on prend à gauche & l'on arrive au ſecond corps de garde où l'on eſt obligé de dépoſer les armes cachées ; comme bayonnettes, piſtolets de poche, & même les couteaux. L'on tourne enſuite à droite, & l'on monte par de larges dégrez fort aiſez & taillez dans le roc juſqu'à l'entrée du Château qui eſt au levant. L'on paſſe d'abord ſous une herſe armée de groſſes pointes de fer, & après avoir monté quelques marches, on trouve une grande porte fermée épaisse d'un pied, toute couverte de fer, où l'on ouvre un guichet qui n'a gueres que trois pieds de haut. L'on n'y entre qu'en se ployant en deux; puis l'on se trouve sous une grande voûte obscure dont les murs sont couverts de mousquets & de pertuisannes rangez sur leurs rateliers. Ensuite vient un grand corps de garde où il y a toujours plusieurs Bourgeois en faction. De là en continuant de monter, on traverse une petite cour d'environ douze pas en quarré dont les hautes murailles sont défendues par des crenaux & des machicoulis. Enfin on passe la derniere porte du Château, & l'on arrive devant celle de l'Eglise sur une plateforme que l'on nomme *le Sautgautier*. L'on entre après cela de plain pied dans l'Eglise dont la porte est dans le flanc méridional de la Nef. Cet édifice est disposé en forme de croix, d'une structure gothique, & d'une couleur enfumée qui marque son ancienneté. Le grand Autel de S. Michel est placé entre le Chœur & la Nef, & lui sert de clôture. Son rétable est enrichi d'ornemens de sculpture, & le haut en est terminé par une niche dans laquelle est posée une statue de l'Archange S. Michel, de la hauteur d'un homme, que l'on dit être toute d'or. Quoi qu'il en soit, elle eſt d'un deſſein peu correct ; mais le grand tableau de l'Autel eſt aſſez bon. Sur un des murs de la croiſée méridionale de l'Egliſe l'on voit en peinture les armoiries & les noms de tous les Gentilshommes Bretons & Normands qui défendirent cette fortereſſe contre les Anglois & les Calviniſtes François du tems de la Ligue. Dans une Chapelle qui eſt du même côté l'on fait voir le Tréſor qui eſt rempli de vaſes ſacrez & de précieuſes Reliques, parmi leſquelles on voit le Chef de S. Aubert qui fonda cette Egliſe, ainſi que je l'ai dit ci-deſſus. L'on y voit auſſi un bouclier quarré & une courte épée qui fut trouvée en Irlande auprès du corps d'un dragon dont on attribue la mort à S. Michel. Dans la Nef il y a un eſcalier qui conduit à une Chapelle baſſe nommée *Nôtre-Dame de ſous terre.* De l'Egliſe on entre dans le Cloître, & l'on ne peut voir ſans admiration que l'on ait ſi ſolidement bâti ſur la pointe d'un rocher tous les lieux réguliers d'un Monaſtere. Ce Cloître a environ vingt pas en quarré, & eſt accompagné d'un côté de la ſalle des Chevaliers de S. Michel qui eſt encore plus longue, & de l'autre d'un grand réfectoir & de ſes offices, auprès deſquels eſt une machine à mouliner qui ſert à monter pour le Couvent les provisions que les chaloupes amenent au pied du Mont qui est fort escarpé du côté du nord. En haut sont les dortoirs, l'Infirmerie, & une Bibliotheque bien fournie, dont la voûte est ornée de peintures. Ensuite l'on monte dessus l'Eglise, autour de laquelle on peut se promener le long des balustrades qui regnent au pourtour du comble. Les curieux n'en demeurent pas là; ils montent dans la lanterne du clocher qui est élevée d'environ soixante toises du niveau de la gréve. L'on découvre de cet endroit au nord la pointe de Grandville, & à l'Orient, en suivant la côte de Normandie, on voit aisément la Ville d'Avranches, au midi celle de Pontorson, au sud-ouest la Ville de Dol en Bretagne, au couchant le Havre de Cancale, & au nord-ouest l'Isle de Gerzey qui est éloignée de seize lieues: mais il faut une lunette d'approche pour la distinguer; car à la vûe elle ne paroît que comme un nuage. Après avoir visité le dessus de l'Eglise, le conducteur vous mene à la faveur d'une lanterne dans les soûterrains de cet édifice. C'est un vrai labyrinthe de détours & de descentes obscures. On y fait voir deux cachots de sept à huit pieds en quarré où l'on descend les criminels d'Etat par une bouche qui se ferme avec une trape. L'on trouve dans le plus profond de ces cavernes quantité d'oiseaux marins qui s'y retirent en hiver, & qui apparemment y meurent de faim. Pour achever la visite de ce Mont, il faut sortir de ses murailles pour aller voir une Chapelle d'environ douze pieds de longueur sur huit de largeur, qui est sous l'invocation de S. Aubert, & bâtie sur une roche qu'on dit avoir été autrefois sur le sommet de la montagne, & qui à la priere de ce Saint se détacha pour laisser la place libre aux ouvriers qui devoient construire l'Eglise, & alla se précipiter du côté du nord. L'on monte à cette petite Chapelle par douze ou quinze degrez taillez dans le roc. Elle n'est point fermée, & n'a qu'un Autel & la statue de ce Saint. Toute la partie septentrionale de ce Mont n'est point habitée & n'est qu'un rocher escarpé qui n'a pas besoin de murailles pour se défendre. On peut juger par cette description que le Mont Saint-Michel est une Place importante & très-forte. Les Bourgeois en font la garde ordinaire : mais en tems de guerre on y met quelques troupes en garnison. C'est l'Abbé qui est Gouverneur né de cette Forteresse, & en son absence c'est le Prieur à qui on apporte tous les soirs les clefs. Personne n'ignore que le Mont S. Michel est un de plus fameux pélerinages de la France, particulierement pour les jeunes gens de basse naissance qui y vont par troupes en esté.

Je ne dirai rien ici de *Tombelaine* qui est à une demie lieue au-delà vers le nord, puisque le Château qui y étoit a été rasé en 1669.

La seconde route pour aller de Paris au Mont S. Michel est de passer par Caën: mais celle-ci est la plus longue, parcequ'elle est détournée; aussi ne la prend on que lorsqu'on a quelque raison particuliere. On trouvera ci-dessus les routes qui conduisent de Paris à Caën, & la description des lieux par où l'on passe. De Caën l'on va à

Bretteville.	4. l.
Le Mesle S. Clair.	4. l.
Condé sur Noireau.	3. l.
Tinchebrai.	3. l.
Mortain.	4. l.
S. Hilaire.	3. l.
S. Brice Landelle.	2. l.
S. James.	3. l.
Pontorson.	3. l.
Le Mont S. Michel.	3. l.

CONDE' SUR NOIREAU, est une

petite Ville du Bessin qui a pris son surnom de sa situation dans une vallée qui est arrosée par la petite riviere de Noireau. *S. Martin* en est la Paroisse primitive, & *Saint Sauveur* est la succursale. Il y a un Hôpital, une haute Justice, & un Maire de Ville. L'on y tient un gros Marché tous les Jeudis, & six Foires pendant le cours de l'année. C'est une Châtellenie qui comprend dix-sept Paroisses.

TINCHEBRAI, *Tenerchebraium*, petite Ville du Diocese de Bayeux, située entre les Villes de Vire, de Mortain, de Domfront & de Condé, & qui a deux Paroisses dont l'une est sous l'invocation de S. Pierre. Elle est très-connue dans l'Histoire par la bataille qui s'y donna entre les armées de Robert & de Henry I. fils l'un & l'autre de Guillaume le Conquerant, Duc de Normandie & Roi d'Angleterre. Celle de Robert ayant été vaincue & lui fait prisonnier, Henry son frere eut l'inhumanité de le priver de la vûe en lui faisant passer & repasser devant les yeux un bassin de cuivre tout ardent, dont il mourut en prison. Cette bataille se donna en 1105.

PONT-ORSON, *Pons Ursionis*, petite Ville sur la riviere de Couesnon & sur les limites de la Normandie & de la Bretagne. Elle n'eſt plus qu'un Bourg depuis qu'on en a raſé les murailles & les fortifications.

J'ai donné dans la route précédente la deſcription de Mortain & du Mont Saint-Michel.

FIN.

TABLE ALPHABETIQUE

Des noms des Villes & Bourgs contenus dans cet Ouvrage.

A

AIguesperse. tome I. 294
Aix. t. 1. 234. & suiv.
Alanche. t. 1. 320
Alençon. t. 1. 135
Amboise. t. 1. 18. & suiv.
Amiens. t. 2. 183. & suiv.
Ancenis. t. 1. 88
Angers. t. 1. 121. & suiv.
Angerville & Artenay. t. 1. 5
Ardes. t. 1. 321
Argenton. t. 2. 8
Arnay-le-Duc. t. 1. 161
S. Arnou. t. 1. 103
Arras. t. 2. 190. & suiv.
Aubagne. t. 1. 256
S. Aubin du Cormier. t. 1. 140
Aubusson. t. 1. 314

Aulnay. t. 1. 36
Auray. t. 1. 96
Aurillac. t. 1. 315
Ausch *ou* Auch. t. 2. 60
Auxerre. t. 1. 155. *& suiv.*
Auxonne. t. 2. 115. 116
Avignon. t. 1. 227. *& suiv.*

B

BArbesieux. t. 1. 64
Bar-le-Duc. t. 2. 71
Bar-sur-Aube. t. 2. 107
La Sainte Baume. t. 1. 249
Le Bausset. t. 1. 256
Bayeux. t. 2. 276. *& suiv.*
Bayonne. t. 1. 59. *& suiv.*
Bazas. t. 1. 53
Beaucaire. t. 2. 45
Beaulieu. t. 1. 21
Beaumont. t. 2. 159
Beaune. t. 1. 178
Beauvais. t. 2. 159. *& suiv.*
Befort. t. 2 131
Belleville. t. 1. 189
Bergues-Saint-Vinox. t. 2. 205. *& suiv.*
Besançon. t. 2. 119. *& suiv.*
Beziers. t. 2. 55
Bierge. t. 2. 67
Blamont. t. 2. 79
Blaye. t. 1. 43

Bleré. t. 1. 21
Blois. t. 1. 10. & *suiv.*
Bolene. t. 1. 223
La Bouille. t. 2. 266
Boulogne. t. 2. 163
Bourdeaux. t. 1. 45. & *suiv.*
Le Bourg-Dieu. t. 2. 4
Le Bourg-la-Reine. t. 1. 2
Bourges. t. 1. 302. & *suiv.*
Braine. t. 2. 141
La Bresle. t. 1. 283
Brest, petite Ville. t. 1. 101
Brest, port de mer. t. 1. 99
Briare. t. 1. 272
Brie-Comte-Robert. t. 2. 100
Saint Brieuc. t. 1. 144
Briou. t. 1. 36
Brive. t. 2. 12

C

CAderousse. t. 1. 227
Caën. t. 2. 268. & *suiv.*
Cahors. t. 2. 14
Calais. t. 2. 165. & *suiv.*
Cambray. t. 2. 208. & *suiv.*
Cande. t. 1. 82
Carcassonne. t. 2. 33
Carentan. t. 2. 278
Castelnau d'Arri. t. 2. 33
Le Catelet. t. 2. 223

Cavaillon. t. 1. 233
Caudebec. t. 2. 259
Châlon. t. 1. 180
Châlons. t. 2. 67. *& suiv.*
Chambor. t. 1. 16. *& suiv.*
Chanceaux. t. 1. 166
Chantocé. t. 1. 87
Charenton. t. 2. 99
La Charité. t. 1. 273
Chartres. t. 1. 110
La grande Chartreuse. t. 1. 217
Châteauroux. t. 2. 5
Châtelleraud. t. 1. 26
Châteauneuf, Bourg. t. 1. 147
Châteauneuf sur la riviere de Cher. t. 1. 311
La Châtre. t. 1. 313
Châtres. t. 1. 3
Chaumont en Bassigni. t. 2. 108
Cherbourg. t. 2. 279
Chesne le populeux. t. 2. 151
Saint-Clair. t. 2. 226
Claye. t. 2. 64
Clermont en Auvergne. t. 1. 298 *& suiv.*
Clermont en Beauvaisis. t. 2. 181
Clery. t. 1. 9
Compiegne. t. 2. 214. *& suiv.*
Condé sur Noireau. t. 2. 299
Cône. t. 1. 272
La Courtine. t. 1. 314

D

DAmmartin. t. 2. 135
Dax *ou* Acqs. t. 1. 55. *& suiv.*
S. Denis sur le Crou. t. 2. 156. *& suiv.*
Dieppe. t. 2. 253. *& suiv.*
Dijon. t. 1. 166. *& suiv.*
Dinan. t. 1. 146
Dive, *ou* S. Sauveur sur Dive. t. 2. 267
Dole. t. 2. 116. *& suiv.*
Domfront. t. 2. 289
Donzerre. t. 1. 289
Dreux. t. 1. 128
Ducey. t. 2. 292
Dunkerque. t. 2. 171. *& suiv.*
Durtal. t. 1. 120

E

ERnée. t. 1. 138
Escoui. t. 2. 227
Escouen. t. 2. 180
Essone. t. 1. 149
Estauges. t. 2. 67
Estempes. t. 1. 4
Estrechi. t. 1. *ibid.*
Evreux. t. 2. 281. 282

F

La FErté. t. 1. 102
La Ferté sous Jouare. t. 2. 66

Fismes. t. 2. 142
La Fleche. t. 1. 116. & suiv.
Fontainebleau. t. 1. 150
Le Fort-Louis. t. 2. 177
Fougeres. t. 1. 139
Fronton. t. 2. 16
Furnes. t. 2. 205

G

GAillon. t. 2. 249. & suiv.
Gana *ou* Ganat. t. 1. 294
Saint-Germain en Laye. t. 2. 242
Genouillac. t. 1. 313
Gimont. t. 2. 60
Grassay *ou* Graçay. t. 2. 3
Gravelines. t. 2. 168. & suiv.
Grenoble. t. 1. 213. & suiv.
Guingamp. t. 1. 144

H

HAm. t. 2. 221
Harfleur. t. 2. 260
Le Havre de Grace. t. 2. 261. & suiv.
La Haye. t. 1. 25
Hennebon. t. 1. 97
Huningue. t. 2. 132. & suiv.

I

JArnage. t. 1. 313
Saint Jean d'Angely. t. 1. 37. & suiv.

Saint-Jean de Luz. t. 1. 62
Ingrande. t. 1. 87
Joigny. t. 1. 154
Isigny. t. 2. 278
L'Isle-Barbe. t. 1. 187
L'Isle-Bonne. t. 2. 260
L'Isle de Champion. t. 2. 247
L'Isle Jourdain. t. 2. 60
Saint-Julien. t. 1. 37
Saint-Just. t. 2. 181

K

La KEnoque. t. 2. 205

L

LAmballe. t. 1. 143
Lambesc. t. 1. 234
Laudernau. t. 1. 98
Langeai. t. 1. 81
Langon. t. 1. 53
Lengres. t. 2 109. *& suiv.*
Lens. t. 2. 196
Lignieres. t. 1. 312
Ligny. t. 2. 72
Ligueil. t. 1. 25
Limoges. t. 2. 9
Linas. t. 1. 3
Lion. t. 1. 190. *& suiv.*
Lisle. t. 2. 196.
Lizieux. t. 2. 283. *& suiv.*

Loches.

Loches. t. 1. 21. & suiv.
Longjumeau. t. 1. 2
Luci-le-Bois. t. 1. 160
Luines. t. 1. 80
Luneville. t. 2. 78
Lusignan. 34. & suiv.

M

MAcon. t. 1. 183
Magny. t. 2. 226
Maintenon. t. 1. 107
Saint-Maixent. t. 1. 65
Saint-Malo. t. 1. 147
Le Mans. t. 1. 113
Mante. t. 2. 246
Mardick. t. 2. 177. & suiv.
Marseille. t. 1. 256. & suiv.
Saint-Maximin. t. 1. 248
Mayenne la Juhée. t. 1. 137
Meaux. t. 2. 65
Saint-Mesmin. t. 1. 9
Metz. t. 2. 93. & suiv.
Meulan. t. 2. 245. & suiv.
Montargis. t. 1. 270
Montauban. t. 2. 14
Montbard. t. 1. 164
Montbeliard. t. 2. 130
Mont de Marsan. t. 1. 54
Mont-Dragon. t. 1. 224
Montelimart sur le Robiou. t. 1. 223. 289
Montleheri. t. 1. 3
Mont-Loïs. t. 1. 72

Mont-Louis. t. 2. 41
Montmerle. t. 1. 185
Montmirel. t. 2. 66
Le Mont-Saint-Michel. t. 2. 292. & *suiv.*
Montpellier. t. 2. 51. & *suiv.*
Montreuil. t. 2. 163
Montsoreau. t. 1. 82
Moret. t. 1. 151
Morlaix. t. 1. 145
Mortagne. t. 1. 129
Mortain. t. 2. 290. & *suiv.*
La Motte Beuvron. t. 1. 302
Moulins. t. 1. 278. & *suiv.*
Mozay. t. 1. 67
Murat. t. 1. 319

N

Nancy. t. 2. 75
Nantes. t. 1. 89. & *suiv.*
Nanteuil. t. 2. 136
Narbonne. t. 2. 34. & *suiv.*
Neauffle le Châtel. t. 1. 127
Nechers. t. 1. 321
Nemours. t. 1. 268
Neufvi en Puisaye. t. 1. 272
Nevers. t. 1. 275
Neuvi. t. 1. 315
Saint-Nicolas. t. 2. 77
Niort. t. 1. 66
Nismes. t. 2. 47. & *suiv.*
Nogarot. t. 2. 64
Nogent-le-Rotrou. t. 1. 112

Nogent-ſur-Seine. t. 2. 102
Nonancourt. t. 2. 281
Noyers. t. 1. 163
Noyon. t. 2. 220
Nuys. t. 1. 177

O

OLioule. t. 1. 256
Orange. t. 1. 224
Orguon. t. 1. 290
Orleans. t. 1. [illegible]6. & *ſuiv.*

P

PAci. t. 2. 287
Pailler. t. 1. 37
Palaiſeau. t. 1. 102
Pecquini. t. 2. 185
Pénautier. t. 2. 59
Péronne. t. 2. 189
Perpignan. t. 2. 37. & *ſuiv.*
Pézenas. t. 2. 54
Phalſbourg. t. 2. 80
Pierre-Buffiere. t. 2. 11
Pierrelate. t. 1. 290
S. Pierre le Monſtier. t. 1. 277
Le Pleſſis-lez-Tours. t. 1. 79
Podanſac. t. 1. 53
Poiſſi. t. 2. 243
Poitiers. t. 1. 27. & *ſuiv.*
Pons. t. 1. 41
Pont-Audemer. t. 2. 267
Le Pont de Lunel. t. 2. 51
Le Pont de Sé. t. 1. 85

Le Pont du Gard. t. 2. 46
Pont l'Evêque. t. 2. 267
Pont Sainte-Maixance. t. 2. 188
Pontoiſe. t. 2. 224
Pont-Orſon. t. 2. 300
Pont-ſur-Yonne. t. 1. 151
Pougues. t. 1. 274
Saint-Pourſain. t. 1. 293
Prades. t. 2. 41
Préhi. t. 1. 163
Provins. t. 2. 100
Le Pui de Dome. t. 1. 300

Q

S. QUentin. t. 2. 222
Quimpercorentin. t. 1. 98
Quimperlé. t. 1. 97

R

RAmbouillet. t. 1. 103. *& ſuiv.*
Reims. t. 2. 142. *& ſuiv.*
Rennes. t. 1. 140. *& ſuiv.*
Retel. t. 2. 150
Riom. t. 1. 296
Roane, *ou* Rouane. t. 1. 282
La Roche-Bernard. t. 1. 94
Rochefort. t. 1. 69. *& ſuiv.*
La Rochelle. t. 1. 67. *& ſuiv.*
Romans. t. 1. 220
Romorantin. t. 2. 2. 3
Roquefort. t. 1. 54
Roquencourt. t. 1. 127

Roquevaire. t. 1. 291
Rouen. t. 2. 228. & *suiv.*
Roye. t. 2. 189

S

SAintes. t. 1. 39. & *suiv.*
Salses. t. 2. 37
Sarbourg. t. 2. 79
Saverne. t. 2. 80
Saulieu. t. 1. 160
Saumal. t. 2. 57
Saumur. t. 1. 83
Sedan. t. 2. 152. & *suiv.*
Séve. t. 1. 126
Saint-Seine. t. 1. 166
Senlis. t. 2. 186. & *suiv.*
Sens. t. 1. 152
Soissons. t. 2. 137. & *suiv.*
Souillac. t. 2. 14
Strasbourg. t. 2. 81. & *suiv.*

T

TAin *ou* Thin. t. 1. 288
Tarare. t. 1. 282
Tarascon. t. 2. 44
Tartas. t. 1. 55
La Templerie. t. 1. 139
Thiésac. t. 1. 319
Tillieres. t. 2. 227
Tinchebrai. t. 2. 300
Toul. t. 2. 73
Toulon. t. 1. 250. & *suiv.*
Toulouse. t. 2. 17. & *suiv.*

Tournus. t. 1. 181.
Tours. t. 1. 73. & *suiv.*
La Trappe, Abbaye. t. 1. 129. & *suiv.*
Trevoux. t. 1. 186
Troyes. t. 2. 102. & *suiv.*

V

VAlence. t. 1. 221
Valenciennes. t. 2. 211. & *suiv.*
Le Valentin. t. 1. 222
Valognes. t. 2. 279
Vannes. t. 1. 94. & *suiv.*
Vaſtan *ou* Vaſten. t. 2. 4
Verberie. t. 2. 214
Vermenton. t. 1. 160
Vernon. t. 2. 247
Veſoul. t. 2. 114
Vic en Carladez. t. 1. 318
Vienne. t. 1. 284. & *suiv.*
Villefranche. t. 1. 189
Villeneuve, Bourg. t. 1. 278
Villeneuve le Roi. t. 1. 154
Villepreux. t. 1. 127
Villers-Coterets. t. 2. 136
Vivonne. t. 1. 64
Uſerche. t. 2. 12
Uſſel. t. 1. 314
Warneſton. t. 2. 203

Y

YPres. t. 2. 203
Yvri. t. 1. 162

FIN.

www.ingramcontent.com/pod-product-compliance
Lightning Source LLC
LaVergne TN
LVHW020541230826
846091LV00002B/343